LA

FIN DE SATAN

ŒUVRES INÉDITES

DE

VICTOR HUGO

LA

FIN DE SATAN

PARIS

G. CHARPENTIER ET Cᴵᴱ, ÉDITEURS

11, RUE DE GRENELLE, 11

—

1888

AVERTISSEMENT DES ÉDITEURS

En 1857, Victor Hugo signalait, dans la Préface de *la Légende des Siècles*, le lien qui, dans sa pensée, rattachait son poème « à deux autres poèmes *presque terminés*, qui en étaient, l'un le dénouement, l'autre le commencement, *la Fin de Satan, Dieu* ».

Il ajoutait :

« L'auteur ne voit aucune difficulté à faire entrevoir, dès à présent, qu'il a esquissé dans la solitude une sorte de poème d'une certaine étendue où se réverbère le problème unique, l'Être, sous sa triple face : l'Humanité, le Mal, l'Infini ; le progressif, le relatif, l'absolu ; en ce qu'on pourrait appeler trois chants : *la Légende des Siècles, la Fin de Satan, Dieu.* »

Dès 1854, Victor Hugo s'était mis, en effet, à *la Fin de Satan* et en avait écrit presque tout le drame extra-humain, *Hors de la terre*, et tout le premier livre, *la Guerre*.

En 1860, il avait repris son œuvre et avait écrit le second livre, *le Gibet*.

Le temps a manqué au poète pour écrire le troisième livre, *la Prison*, qui comprenait trois parties : *les Squelettes,* — *Camille et Lucile,* — *la Prise de la Bastille.*

Mais l'ensemble de l'épopée n'en apparaît pas moins entier dans ses vastes proportions ; et chacune des parties terminées, *Nemrod, Jésus-Christ,* forme un tout aussi parfait qu'aucun des drames qui nous restent des trilogies incomplètes d'Eschyle.

LA

FIN DE SATAN

HORS DE LA TERRE

I

ET NOX FACTA EST

I

Depuis quatre mille ans il tombait dans l'abîme.

Il n'avait pas encor pu saisir une cime,
Ni lever une fois son front démesuré.
Il s'enfonçait dans l'ombre et la brume, effaré,
Seul, et, derrière lui, dans les nuits éternelles,
Tombaient plus lentement les plumes de ses ailes.

Il tombait foudroyé, morne, silencieux,
Triste, la bouche ouverte et les pieds vers les cieux,
L'horreur du gouffre empreinte à sa face livide.

Il cria: Mort! — les poings tendus vers l'ombre vide
Ce mot plus tard fut homme et s'appela Caïn.

Il tombait. Tout à coup un roc heurta sa main ;
Il l'étreignit, ainsi qu'un mort étreint sa tombe,
Et s'arrêta. Quelqu'un, d'en haut, lui cria: — Tombe!
Les soleils s'éteindront autour de toi, maudit! —
Et la voix dans l'horreur immense se perdit.
Et, pâle, il regarda vers l'éternelle aurore.
Les soleils étaient loin, mais ils brillaient encore.
Satan dressa la tête et dit, levant ses bras :
— Tu mens! — Ce mot plus tard fut l'âme de Judas.

Pareil aux dieux d'airain debout sur leurs pilastres,
Il attendit mille ans, l'œil fixé sur les astres.
Les soleils étaient loin, mais ils brillaient toujours.
La foudre alors gronda dans les cieux froids et sourds.
Satan rit, et cracha du côté du tonnerre.
L'immensité, qu'emplit l'ombre visionnaire,
Frissonna. Ce crachat fut plus tard Barrabas.

Un souffle qui passait le fit tomber plus bas.

II

La chute du damné recommença. — Terrible,
Sombre, et percé de trous lumineux comme un crible,
Le ciel plein de soleils s'éloignait, la clarté
Tremblait, et dans la nuit le grand précipité,
Nu, sinistre, et tiré par le poids de son crime,
Tombait, et, comme un coin, sa tête ouvrait l'abîme.
Plus bas ! plus bas ! toujours plus bas ! Tout à présent
Le fuyait ; pas d'obstacle à saisir en passant,
Pas un mont, pas un roc croulant, pas une pierre,
Rien, l'ombre ! et d'épouvante il ferma sa paupière.

Et quand il la rouvrit, trois soleils seulement
Brillaient, et l'ombre avait rongé le firmament ;
Tous les autres soleils étaient morts.

III

              Une roche
Sortait du noir brouillard comme un bras qui s'approche.

Il la prit, et ses pieds touchèrent des sommets.

Alors l'être effrayant qui s'appelle Jamais
Songea. Son front tomba dans ses mains criminelles.
Les trois soleils, de loin, ainsi que trois prunelles,
Le regardaient, et lui ne les regardait pas.
L'espace ressemblait aux plaines d'ici-bas
Le soir, quand l'horizon qui s'enfonce et recule
Noircit sous les yeux blancs du spectre crépuscule.
De longs rayons rampaient aux pieds du grand banni.
Derrière lui son ombre emplissait l'infini.
Les cimes du chaos se confondaient entre elles.

Tout à coup il se vit pousser d'horribles ailes :
Il vit qu'il devenait monstre et que l'ange en lui
Mourait, et le rebelle en sentit quelque ennui.
Il laissa son épaule, autrefois lumineuse.
Frémir au froid hideux de l'aile membraneuse.
Et croisant ses deux bras, et relevant son front,
Le bandit, comme s'il grandissait sous l'affront,
Seul dans ces profondeurs que la ruine encombre.
Regarda fixement la caverne de l'ombre.

Les ténèbres sans bruit croissaient dans le néant.
L'opaque obscurité fermait le ciel béant ;
Et, faisant, au delà du dernier promontoire,
Une triple fêlure à cette vitre noire,
Les trois soleils mêlaient leurs trois rayonnements.
Après quelque combat dans les hauts firmaments.

D'un char de feu brisé l'on eût dit les trois roues.
Les monts hors du brouillard sortaient comme des proues
— Eh bien, cria Satan, soit ! je puis encor voir !
Il aura le ciel bleu, moi j'aurai le ciel noir.
Croit-il pas que j'irai sangloter à sa porte ?
Je le hais. Trois soleils, c'est assez. Que m'importe !
Je hais le jour, l'azur, le rayon, le parfum !

Soudain il tressaillit ; il n'en restait plus qu'un.

IV

L'abîme s'effaçait. Rien n'avait plus de forme.
L'obscurité semblait gonfler sa vague énorme.
C'était on ne sait quoi de submergé ; c'était
Ce qui n'est plus, ce qui s'en va, ce qui se tait ;
Et l'on n'aurait pu dire, en cette horreur profonde,
Si ce reste effrayant d'un mystère ou d'un monde,
Pareil au brouillard vague où le songe s'enfuit,
S'appelait le naufrage ou s'appelait la nuit ;
Et l'archange sentit qu'il devenait fantôme.
Il dit : — Enfer ! — Ce mot plus tard créa Sodome.

Et la voix répéta lentement sur son front :
— Maudit ! autour de toi les astres s'éteindront. —

Et déjà le soleil n'était plus qu'une étoile.

V

Et tout disparaissait par degrés sous un voile.
L'archange alors frémit ; Satan eut le frisson.
Vers l'astre qui tremblait, livide, à l'horizon,
Il s'élança, sautant d'un faîte à l'autre faîte.
Puis, quoiqu'il eût horreur des ailes de la bête,
Quoique ce fût pour lui l'habit de la prison,
Comme un oiseau qui va de buisson en buisson,
Hideux, il prit son vol de montagne en montagne,
Et ce forçat se mit à courir dans ce bagne.

Il courait, il volait, il criait : — Astre d'or !
Frère ! attends-moi ! j'accours ! ne t'éteins pas encor !
Ne me laisse pas seul !

     Le monstre, de la sorte,
Franchit les premiers lacs de l'immensité morte,
D'anciens chaos vidés qui croupissaient déjà,
Et dans les profondeurs lugubres se plongea.

L'étoile maintenant n'était qu'une étincelle.

Il entra plus avant dans l'ombre universelle,
S'enfonça, se jeta, se rua dans la nuit,
Gravit les monts fangeux dont le front mouillé luit
Et dont la base au fond des cloaques chancelle,
Et, tremblant, regarda devant lui.

        L'étincelle
N'était plus qu'un point rouge au fond du gouffre obscur.

VI

Comme entre deux créneaux se penche sur le mur
L'archer qu'en son donjon le crépuscule gagne,
Farouche, il se pencha du haut de la montagne,
Et, sur l'astre, espérant le faire étinceler,
Comme sur une braise il se mit à souffler.
Et l'angoisse gonfla sa féroce narine.

Le souffle qui sortit alors de sa poitrine
Est aujourd'hui sur terre et s'appelle ouragan.

A ce souffle, un grand bruit troubla l'ombre, océan
Qu'aucun être n'habite et qu'aucuns feux n'éclairent,
Les monts qui se trouvaient près de là s'envolèrent,
Le chaos monstrueux plein d'effroi se leva
Et se mit à hurler : Jéhovah ! Jéhovah !
L'infini s'entr'ouvrit, fendu comme une toile.
Mais rien ne remua dans la lugubre étoile.
Et le damné, criant : — Ne t'éteins pas! j'irai !
J'arriverai ! — reprit son vol désespéré.
Et les glaciers mêlés aux nuits qui leur ressemblent
Se renversaient ainsi que des bêtes qui tremblent,
Et les noirs tourbillons et les gouffres hideux
Se courbaient éperdus, pendant qu'au-dessus d'eux,
Volant vers l'astre ainsi qu'une flèche à la cible,
Passait, fauve et hagard, ce suppliant terrible.

Et depuis qu'il a vu ce passage effrayant,
L'âpre abîme, effaré comme un homme fuyant,
Garde à jamais un air d'horreur et de démence,
Tant ce fut monstrueux de voir, dans l'ombre immense,
Voler, ouvrant son aile affreuse loin du ciel,
Cette chauve-souris du cachot éternel !

VII

Il vola dix mille ans.

           Pendant dix mille années,
Tendant son cou livide et ses mains forcenées,
Il vola sans trouver un faîte où se poser.
L'astre parfois semblait s'éteindre et s'éclipser,
Et l'horreur du tombeau faisait frissonner l'ange ;
Puis une clarté pâle, obscure, vague, étrange,
Reparaissait ; et lui, joyeux, disait : Allons.
Autour de lui planaient les oiseaux aquilons.
Il volait. L'infini sans cesse recommence.
Son vol dans cette mer faisait un cercle immense.
La nuit regardait fuir ses horribles talons.
Comme un nuage sent tomber ses tourbillons,
Il sentait s'écrouler ses forces dans le gouffre.
L'hiver murmurait : tremble ! et l'ombre disait : souffre !

Enfin il aperçut au loin un noir sommet
Que dans l'ombre un reflet formidable enflammait.
Satan, comme un nageur fait un effort suprême,
Tendit son aile onglée et chauve, et, spectre blême,
Haletant, brisé, las et de sueur fumant,
Il s'abattit au bord de l'âpre escarpement.

VIII

Le soleil était là qui mourait dans l'abîme.

L'astre au fond du brouillard, sans air qui le ranime,
Se refroidissait, morne et lentement détruit.
On voyait sa rondeur sinistre dans la nuit ;
Et l'on voyait décroître, en ce silence sombre,
Ses ulcères de feu sous une lèpre d'ombre.
Charbon d'un monde éteint ! flambeau soufflé par Dieu !
Ses crevasses montraient encore un peu de feu,
Comme si par les trous du crâne on eût vu l'âme.
Au centre palpitait et rampait une flamme
Qui par instants léchait les bords extérieurs,
Et de chaque cratère il sortait des lueurs
Qui frissonnaient ainsi que de flamboyants glaives,
Et s'évanouissaient sans bruit comme des rêves.
L'astre était presque noir. L'archange était si las
Qu'il n'avait plus de voix et plus de souffle. hélas !
Et l'astre agonisait sous ses regards farouches.
Il mourait, il luttait. Avec ses sombres bouches
Dans l'obscurité froide il lançait par moments
Des flots ardents, des blocs rougis, des monts fumants.
Des rocs tout écumants de sa clarté première ;
Comme si ce géant de vie et de lumière,

Englouti par la brume où tout s'évanouit,
N'eût pas voulu mourir sans insulter la nuit
Et sans cracher sa lave à la face de l'ombre.
Autour de lui le temps et l'espace et le nombre
Et la forme et le bruit expiraient, en créant
L'unité formidable et noire du néant.
Le spectre Rien levait sa tête hors du gouffre.

Soudain du cœur de l'astre, un âpre jet de soufre,
Pareil à la clameur du mourant éperdu,
Sortit, brusque, éclatant, splendide, inattendu,
Et, découpant au loin mille formes funèbres,
Énorme, illumina, jusqu'au fond des ténèbres,
Les porches monstrueux de l'infini profond.
Les angles que la nuit et l'immensité font
Apparurent. Satan, égaré, sans haleine,
La prunelle éblouie et de cet éclat pleine,
Battit de l'aile, ouvrit les mains, puis tressaillit
Et cria : — Désespoir ! le voilà qui pâlit ! —

Et l'archange comprit, pareil au mât qui sombre,
Qu'il était le noyé du déluge de l'ombre ;
Il reploya son aile aux ongles de granit
Et se tordit les bras. Et l'astre s'éteignit.

2

IX

Or, près des cieux, au bord du gouffre où rien ne change,
Une plume échappée à l'aile de l'archange
Était restée, et, pure et blanche, frissonnait.

L'ange au front de qui l'aube éblouissante naît
La vit, la prit, et dit, l'œil sur le ciel sublime :
— Seigneur, faut-il qu'elle aille, elle aussi, dans l'abîme?
Dieu se tourna, par l'être et la vie absorbé,
Et dit : — Ne jetez pas ce qui n'est pas tombé.

★

Aùtres noirs du passé; porches de la durée
Sans dates, sans rayons, sombre et démesurée;
Cycles antérieurs à l'homme, chaos, cieux,
Monde terrible et plein d'êtres prodigieux;
O brume épouvantable où les préadamites
Apparaissent, debout dans l'ombre sans limites,
Qui pourrait vous sonder, gouffres, temps inconnus ?
Le penseur qui, pareil aux pauvres, va pieds nus
Par respect pour Celui qu'on ne voit pas, le mage,
Fouille la profondeur et l'origine et l'âge,
Creuse et cherche au delà des colosses, plus loin
Que les faits dont le ciel d'à présent est témoin,

Arrive en pâlissant aux choses soupçonnées,
Et trouve, en soulevant des ténèbres d'années
Et des couches de jours, de mondes, de néants,
Les siècles monstres morts sous les siècles géants.
Et c'est ainsi que songe au fond des nuits le sage
Dont un reflet d'abîme éclaire le visage.

LA PREMIÈRE PAGE

I

L'ENTRÉE DANS L'OMBRE

I

Noé rêvait. Le ciel était plein de nuées.
On entendait au loin les chants et les huées
Des hommes malheureux qu'un souffle allait courber.
Un nuage muet soudain laissa tomber
Une goutte de pluie au front du patriarche.
Alors Noé, suivi des siens, entra dans l'arche,
Et Dieu pensif poussa du dehors le verrou.

Le mal avait filtré dans les hommes. Par où?

Par l'idole ; par l'âpre ouverture que creuse
Un culte affreux dans l'âme humaine ténébreuse.
Ces temps noirs adoraient le spectre Isis-Lilith,
La fille du démon, que l'Homme eut dans son lit
Avant qu'Ève apparût sous les astres sans nombre ;
Monstre femme que fit Satan avec de l'ombre
Afin qu'Adam goûtât le fiel avant le miel,
Et le baiser du gouffre avant celui du ciel.
Ève était nue. Isis-Lilith était voilée.
Les corbeaux l'entouraient de leur fauve volée ;
Les hommes la nommaient Sort, Fortune, Ananké ;
Son temple était muré, son prêtre était masqué :
Elle buvait du sang dans le bois solitaire ;
Elle avait des autels effrayants. Et la terre
Subissait cette abjecte et double obscurité :
En bas Idolâtrie, en haut Fatalité.

Aussi, depuis longtemps tout était deuil et crainte.
Le juste — un seul restait — attendait la mort sainte
Comme un captif attend qu'on lève son écrou.

Le tigre en sa caverne et la taupe en son trou
Disaient depuis longtemps : L'homme commet des crimes.
Une noire vapeur montait aux cieux sublimes,
Fumée aux flots épais des sombres actions.
Depuis longtemps l'azur perdait ses purs rayons
Et par instants semblait plein de hideuses toiles
Où l'araignée humaine avait pris les étoiles.
Car dans ces temps lointains, de ténèbres voilés,
Où la nature et l'homme étaient encor mêlés.

Les forfaits dans l'éther rayonnaient en désastres,
Et les vices allaient éteindre au ciel les astres.
Le mal sortait de l'homme et montait jusqu'à Dieu.
Le char du crime avait du sang jusqu'à l'essieu ;
Le meurtre, l'attentat, les luxures livides
Riaient, buvaient, chantaient, régnaient ; les fils avides
Soufflaient sur les parents comme sur un flambeau ;
Ce que la mort assise au seuil noir du tombeau
Voyait d'horreurs, faisait parler cette muette.
La nuit du cœur humain effrayait la chouette ;
L'ignorance indignait l'âne ; les guets-apens
Les dols, les trahisons faisaient honte aux serpents ;
Si bien que l'homme ayant rempli son âme immonde
D'abîmes, Dieu put dire au gouffre : Emplis le monde.

L'urne du gouffre alors se pencha. Le jour fuit ;
Et tout ce qui vivait et marchait devint nuit.
Ève morte frémit dans sa tombe profonde.

II

Tout avait disparu. L'onde montait sur l'onde.
Dieu lisait dans son livre et tout était détruit.
Dans le ciel par moments on entendait le bruit
Que font en se tournant les pages d'un registre.
L'abîme seul savait, dans sa brume sinistre,

Ce qu'étaient devenus l'homme, les voix, les monts.
Les cèdres se mêlaient sous l'onde aux goémons ;
La vague fouillait l'antre où la bête se vautre.
Les oiseaux fatigués tombaient l'un après l'autre.
Sous cette mer roulant sous tous les horizons
On avait quelque temps distingué des maisons,
Des villes, des palais difformes, des fantômes
De temples dont les flots faisaient trembler les dômes.
Puis l'angle des frontons et la blancheur des fûts
S'étaient mêlés au fond de l'onde en plis confus ;
Tout s'était effacé dans l'horreur de l'eau sombre.
Le gouffre d'eau montait sous une voûte d'ombre ;
Par moments, sous la grêle, au loin, on pouvait voir
Sur le blême horizon passer un coffre noir ;
On eût dit qu'un cercueil flottait dans cette tombe.
Les tourbillons hurlants roulaient l'écume en trombe.
Des lueurs frissonnaient sur la rondeur des flots.
Ce n'était ni le jour ni la nuit. Des sanglots,
Et l'ombre. L'orient ne faisait rien éclore.
Il semblait que l'abime eût englouti l'aurore.
Dans les cieux, transformés en gouffres inouïs,
La lune et le soleil s'étaient évanouis ;
L'affreuse immensité n'était plus qu'une bouche
Noire et soufflant la pluie avec un bruit farouche.
La nuée et le vent passaient en se tordant.
On eût dit qu'au milieu de ce gouffre grondant
On entendait les cris de l'horreur éternelle.

Soudain le bruit cessa. Le vent ploya son aile.
Sur le plus haut sommet où l'on pouvait monter
La vague énorme enfin venait de s'arrêter.

Car l'élément connaît son mystère et sa règle.
Le dernier flot avait noyé le dernier aigle.
— Plus rien. — On ne vit plus, dans l'univers puni,
Que l'eau qui se taisait dans l'ombre, ayant fini.

Et le silence emplit la lugubre étendue.
La terre, sphère d'eau dans le ciel suspendue,
Sans cri, sans mouvement, sans voix, sans jour, sans bruit,
N'était plus qu'une larme immense dans la nuit.

III

Dans ce moment-là, tout étant dans l'insondable,
Un fantôme apparut sur l'onde formidable.
Ce géant était trombe, ouragan et torrent.
Des hydres se tordaient dans son œil transparent.
Il semblait encor plein de la tempête enfuie ;
Sa face d'eau tremblait sous ses cheveux de pluie ;
Et voici ce que l'ombre effarée entendit :

Le géant se tourna vers le gouffre maudit,
Fit trois pas, et cria :

—Chaos, reprends ce monde !

Une tête sortit de la brume profonde ;

Aveugle, énorme, horrible, à l'autre bout des cieux,
Ayant deux gouffres noirs à la place des yeux,
Se dressa, pâle, et dit :

                  — Je ne veux pas, déluge !

IV

LE DÉLUGE.

Reprends-le.

LE CHAOS.

Non.

LE DÉLUGE.

Il est rejeté.

LE CHAOS.

Par quel juge ?

LE DÉLUGE.

Par Lui.

LE CHAOS.

Pourquoi ?

LE DÉLUGE.

Le ver s'est glissé dans le fruit.
Le condamné d'en bas a soufflé dans la nuit
Le mal au cœur de l'homme à travers la nature;
L'homme, ouvert à l'erreur, au piège, à l'imposture,
Jusqu'au crime de vice en vice descendu,
Est devenu vipère, et sa bouche a mordu;
Le talon du Seigneur **a** senti la piqûre;
Et voilà ce qu'a fait, du fond de l'ombre obscure,
Satan qui vit sous terre à Dieu qui vit au ciel.
Ce monde étant mauvais et noir, l'Être éternel
Le laisse tomber, monstre, et tu peux le reprendre.

LE CHAOS.

Pourquoi me l'a-t-il pris, si c'est pour me le rendre?

LE DÉLUGE.

J'ai roulé sur les monts ce flot sombre et tonnant.
Tout est mort. J'ai fini; c'est à toi maintenant.
Reçois ce monde au fond de l'abîme où nous sommes.

LE CHAOS.

J'ai déjà les dragons, je ne veux pas des hommes.

V

L'éclair cria : — Silence aux pieds d'Adonaï ! —
Et le chaos se tut dans le gouffre ébloui.

Et l'archange qui veille entre les deux pilastres
Du seuil mystérieux plein d'yeux qui sont des astres,
Se courba sous l'azur sans oser faire un pas
Et dit au Dieu vivant : — Le chaos n'en veut pas.

Et Dieu dit : — Je consens que ce monde revive.

II

LA SORTIE DE L'OMBRE

I

L'eau baissa, comme un flux qui s'en va d'une rive,
Et les flots monstrueux, décroissant par degrés,
Descendirent du haut des monts démesurés.
Au-dessus de la terre une voix dit : Clémence !
Le crâne décharné de la noyée immense
Apparut, et l'horreur éclaira sous les cieux
Ce cadavre sans souffle et sans forme et sans yeux,
Les rochers, les vallons, et les forêts mouillées
Qui pendaient à son front de marbre, échevelées.

L'antre, où les noirs arrêts dans l'ombre étaient écrits,
Semblait la bouche ouverte encor pleine de cris;
Les monts sortaient de l'eau comme une épaule nue.
Comme l'onde qui bout dans l'airain diminue,
L'océan s'en allait, laissant des lacs amers.
Ces quelques flaques d'eau sont aujourd'hui nos mers.
Tout ce que le flot perd, la nature le gagne.
L'île s'élargissant se changeait en montagne;
Les archipels grandis devenaient continents.
De son dos monstrueux poussant leurs gonds tournants,
Le déluge fermait ses invisibles portes.
Les ténèbres dormaient sur les profondeurs mortes,
Et laissaient distinguer à peine l'ossement
Du globe, que les eaux découvraient lentement.

Soudain, réverbérée au vague front des cimes,
Une lueur de sang glissa sur les abîmes;
On vit à l'horizon lugubrement vermeil
Poindre une lune rouge; et c'était le soleil.

Pendant quarante jours et quarante nuits sombres.
La mer, laissant à nu d'effroyables décombres,
Recula, posant l'arche aux monts près d'Henocha;
Puis ce lion, rentré dans l'antre, se coucha.

II

Dieu permit au soleil de jeter l'étincelle.
Alors un bruit sortit de l'ombre universelle,
Le jour se leva, prit son flambeau qui blêmit,
Et vint; le vent, clairon de l'aube, se remit
A souffler; un frisson courut de plaine en plaine;
L'immensité frémit de sentir une haleine,
La montagne sourit, le désert s'éveilla,
Et le brin d'herbe au bord des eaux dit : Me voilà !

Mais tout était hagard, morne et sinistre encore,
Et c'est dans un tombeau que se levait l'aurore.

III

Derrière ces grands monts où plus tard l'aube a lui
Et que nous appelons les Alpes aujourd'hui,
Un marais descendait vers l'océan sans borne.
Dans cette plaine vaste, impénétrable et morne,
Comme un serpent hésite à travers les roseaux,
Un fleuve, né d'hier, traînait ses pâles eaux,
Et découpait une île au pied d'un coteau sombre,
Sans savoir qu'en ces joncs, pleins de souffles sans nombre,
Germait, fœtus géant, la plus grande des Tyrs.
Le coteau, qui plus tard fut le mont des martyrs,
Lugubre, se dressait sur l'île et sur le fleuve.
L'oiseau, l'être qui va, la bête qui s'abreuve,
Étaient absents; l'espace était vide et muet,
Et le vent dans les cieux lentement remuait

Les sombres profondeurs par les rayons trouées.
Dans la fange expiraient des hydres échouées.

C'est dans cet endroit-là, tout étant mort, pendant
Que les nuages gris croulaient sur l'occident
Comme de lourds vaisseaux qui dans la nuit chavirent,
C'est là que les forêts et les collines virent
Soudain, tout se taisant dans l'univers détruit,
Un voile blanc marcher droit dans l'ombre et sans bruit ;
Et l'ombre eut peur ; et l'arbre, et la vague, et l'étoile,
Et les joncs, frissonnaient de voir passer ce voile.

Il allait, comme si quelqu'un était dessous.
Les êtres du passé, dans la vase dissous,
Semblaient, cherchant encore à tordre leurs vertèbres,
Rouvrir quand il passait leurs yeux pleins de ténèbres.
Le ciel qui s'entr'ouvrait referma son azur.

Tout à coup une voix sortit du voile obscur ;
Le flot, qui sous le vent redevenait sonore,
Se tut, et quatre fois cette voix vers l'aurore,
Vers le sud, vers le triste occident, vers le nord,
Cria : Je suis Isis, l'âme du monde mort !

IV

Un long frisson émut le cadavre ; la fange,
Pleine de monstres morts, fit une plainte étrange ;
Et le spectre se mit à parler dans les vents :

« — Il a pu noyer l'homme et les êtres vivants,
Mais il n'a pu tuer l'airain, le bois, la pierre.
Or, nature qui viens de fermer ta paupière,
Écoute ; écoutez-moi, flots, rochers, vents du ciel ;
Car, ô témoins pensifs du deuil universel,
Il faut que vous sachiez ces sombres aventures.

« Lorsque Caïn, l'aïeul des noire créatures,
Eut terrassé son frère, Abel au front serein,
Il le frappa d'abord avec un clou d'airain,
Puis avec un bâton, puis avec une pierre ;
Puis il cacha ses trois complices sous la terre
Où ma main qui s'ouvrait dans l'ombre les a pris.
Je les ai.
            « Sachez donc ceci, vents, flots, esprits :

Tant qu'il me restera dans les mains ces trois armes,
Je vaincrai Dieu ; matin, tu verseras des larmes ;
L'être qui vit sous terre et moi, nous lutterons.
Si Dieu veut sous les eaux engloutir les affronts,
Les haines, les forfaits, le meurtre, la démence,
Les fureurs, il faudra toujours qu'il recommence.
Et les déluges noirs, pareils aux chiens grondants
Qui veulent qu'on les lâche et qui montrent les dents,
Tant que le vieux Caïn vivra sous ces trois formes,
Pourront à l'horizon gonfler leurs flots énormes. »

V

Le voile en s'écartant laissa voir dans deux mains
Un bâton, une pierre arrachée aux chemins,
Puis un long clou, semblable au verrou d'une porte ;
Et si, dans ce tombeau de la nature morte,
Quelque œil vivant eût pu rester dans l'ombre ouvert,
Sur le clou, sur le bois noueux et jadis vert
Et sur l'affreux caillou pareil aux crânes vides,
Cet œil eût distingué trois souillures livides ;
Et le spectre montra ces trois taches au ciel.
Et cria : — Cieux profonds ! voici du sang d'Abel !

Alors une lueur sortit, sinistre et sombre,
De ces trois noirs témoins des temps qui sont dans l'ombre ;
L'être toujours voilé, blanc et marchant sans bruit,
Se pencha vers la terre et cria dans la nuit
Et comme s'il parlait à quelqu'un sous l'abîme :
— O père ! j'ai sauvé les trois germes du crime !

Sous la terre profonde un bruit sourd répondit.

Il reprit :

     « — Clou d'airain qui servis au bandit,
Tu t'appelleras Glaive et tu seras la guerre !
Toi, bois hideux, ton nom sera Gibet ; toi, pierre,
Vis, creuse-toi, grandis, monte sur l'horizon,
Et le pâle avenir te nommera Prison. »

LIVRE PREMIER

———

LE GLAIVE

—

NEMROD

I

De nouveaux jours brillaient; la terre était vivante;
Mais tout, comme autrefois, était plein d'épouvante.
L'ombre était sur Babel et l'horreur sur Endor.
On voyait, le matin, quand l'aube au carquois d'or
Lance aux astres fuyants ses blanches javelines,
Des hommes monstrueux assis sur les collines;
On entendait parler de formidables voix,
Et les géants allaient et venaient dans les bois.

II

Nemrod, comme le chêne est plus haut que les ormes.
Était le plus grand front parmi ces fronts énormes ;
Il était fils de Chus. le monstre qui vivait
En Judée et prenait le Sina pour chevet.
Son aïeul était Cham, le fils au rire infâme,
Dont Noé dans la nuit avait rejeté l'âme.

Cham. depuis lors. grondait comme un vase qui bout.
Cham assis dépassait les colosses debout.
Et debout il faisait prosterner les colosses.
Il avait deux lions d'Afrique pour molosses.
Atlas et le Liban sauvage au sommet noir
Tremblaient quand il jouait de la flûte le soir.
Parfois Cham. dans l'orage ouvrant ses mains fatales.
Tâchait de prendre au vol l'éclair aux angles pâles ;
Arrachant la nuée. affreux. blême. ébloui.
Il bondissait de roche en roche. et. devant lui.
Le tonnerre fuyait comme une sauterelle.
Si l'ouragan passait. Cham lui cherchait querelle.
Quand il fut vieux. Nemrod le laissa mourir seul.
Ayant ri comme fils. il pleura comme aïeul.

Donc Nemrod était fils de ces deux hommes sombres.
La terre était encor couverte de décombres
Quand était né, sous l'œil fixe d'Adonaï,
Ce Nemrod qui portait tant de ruine en lui.

Étant jeune, et forçant les lynx dans leur refuge,
Il avait, en fouillant les fanges du déluge,
Trouvé dans cette vase un clou d'airain, tordu,
Colossal, noir débris de l'univers perdu,
Et qu'on eût dit forgé par les géants du rêve;
Et de ce clou terrible il avait fait son glaive.

Nemrod était profond comme l'eau Nagaïn *;
Son arc avait été fait par Tubalcaïn,
Et douze jougs de bœuf l'eussent pu tendre à peine;
Il entendait marcher la fourmi dans la plaine;
Chacune de ses mains, affreux poignets de fer,
Avait six doigts pareils à des gonds de l'enfer;
Ses cheveux se mêlaient aux nuages sublimes;
Son cor prodigieux qui sonnait sur les cimes
Était fait d'une dent des antiques mammons,
Et ses flèches perçaient de part en part les monts.

* Lac central de l'Afrique.

III

Un jour, il vit un tigre et le saisit; la bête
Sauta, bondit, dressa son effroyable tête.
Et se mit à rugir dans les rocs effrayés
Comme la mer énorme, et lui lécha les pieds.

Quand Nemrod eut dompté le tigre, il dompta l'homme;
Et quand il eut pris l'homme, il prit Dan, Tyr. Sodome,
Suze, et tout l'univers du Caucase au Delta:
Et quand il eut conquis le monde, il s'arrêta.

Alors il devint triste et dit : Que vais-je faire?

IV

Son glaive nu donnait le frisson à la terre.

Derrière ce glaive âpre, affreux, hideux, rouillé.
La Guerre, se dressant comme un pâtre éveillé.

Levait à l'horizon sa face de fantôme.
Et tout tremblants, au fond des cités, sous le chaume,
Les peuples éperdus distinguaient dans la nuit
Et regardaient passer dans l'ombre et dans le bruit,
Fronde en main, et soufflant dans les trompes épiques,
Cet effrayant berger du noir troupeau des piques.

Ce spectre était debout à côté de Nemrod.

Nemrod, foulant aux pieds la tiare et l'éphod,
Avait atteint, béni du scribe et de l'augure,
L'altier sommet où l'homme en dieu se transfigure.

Il avait pour ministre un eunuque nommé
Zaïm, et vivait seul, dans sa tour enfermé.
L'eunuque lui montrait du doigt le mal à faire.

Et Nemrod regardait comme l'aigle en son aire ;
Ses yeux fixes faisaient hurler le léopard ;
Quand on disait son nom sur terre quelque part,
La momie ouvrait l'œil dans la grande syringe,
Et les peuples velus à la face de singe
Qui vivent sous la terre aux monts d'où sort le Nil
Tremblaient comme des chiens qui rentrent au chenil.
Les bêtes ne savaient s'il était homme ou bête.

Les hommes sous Nemrod comme sous la tempête
Se courbaient; il était l'effroi, la mort, l'affront;
Il avait le baiser de l'horreur sur le front;
Les prêtres lui disaient : O roi, Dieu vous admire!
Ur lui brûlait l'encens. Tyr lui portait la myrrhe.
Autour du conquérant le jour était obscur.
Il en avait noirci des deux côtés l'azur;
A l'orient montait une sombre fumée
De cent villes brûlant dans la plaine enflammée;
Au couchant, plein de morts, d'ossements, de tombeaux,
S'abattait un essaim immense de corbeaux;
Et Nemrod contemplait, roi de l'horreur profonde,
Ces deux nuages noirs qu'il faisait sur le monde,
Et les montrait, disant : Nations, venez voir
Mon ombre en même temps sur l'aube et sur le soir.

CEUX QUI PARLAIENT DANS LE BOIS

I

Pendant qu'on l'adorait, l'eunuque son ministre
Chantait d'une voix douce au fond du bois sinistre :

« — Mourez, vivants ! Croulez, murs ! Séchez-vous, sillons !
Tombez, mouches du soir, peuples, vains tourbillons !
Blanchissez, ossements ! Pleurs, coulez ! Incendies,
Étendez sur les monts vos pourpres agrandies !
Cités, brûlez au vent ! Cadavres, pourrissez !
Jamais l'eunuque noir ne dira : C'est assez !
Car ce banni rugit sur l'éden plein de flamme ;
Car ce veuf de l'amour est en deuil de son âme ;

Car il ne sera pas le père au front joyeux :
Car il ne verra point une femme aux doux yeux
Emplir, assise au seuil de la maison morose,
La bouche d'un enfant du bout de son sein rose !

« Je suis du paradis le témoin torturé.
O vivants, je me venge, et le maître exécré
C'est moi qui l'ai lâché sur la terre où nous sommes :
J'ai vu Nemrod errant dans la forêt des hommes :
J'ai fait un tigre avec ce lion qui passait.
Je jette ma pensée, invisible lacet.
Et je sens tressaillir dans ce filet le monde :
L'arbre est vert. j'applaudis la hache qui l'émonde :
Des hommes, ces chiens vils. j'écoute les abois :
Chasse. ô Nemrod !—C'est moi qui dis au glaive : Bois !
Et j'attise à genoux la guerre. moi l'envie.
Les autres êtres sont les vases de la vie.
Moi je suis l'urne horrible et vide du néant.
Je verse la mort. Nain, j'habite le géant :
Toutes ses actions composent ma victoire :
Il est le bras farouche et je suis l'âme noire.

« La guerre est. Désormais, dans mille ans ou demain.
Toute guerre sera parmi le genre humain
Une flèche de l'arc de Nemrod échappée.
O Nemrod, premier roi du règne de l'épée.
Va ! c'est fait, l'âme humaine est allumée. et rien
Ne l'éteindra. L'indou, l'osque, l'assyrien.
Ont mordu dans la chair comme Ève dans la pomme.
La guerre maintenant ne peut s'arrêter, l'homme

Ayant bu du sang d'homme et l'ayant trouvé bon.
L'embrasement sans fin est né du vil charbon.

« Mort ! l'homme va crouler sur l'homme en avalanche.
Mort ! l'humanité noire et l'humanité blanche,
Les grands et les petits, les tours et les fossés,
Vont se heurter ainsi que des flots insensés.
Temps futurs ! lutte, horreur, tas sanglants, foules viles !
Chaînes autour des camps, chaînes autour des villes,
Marches nocturnes, pas ténébreux, cris dans l'air ;
Les tentes sur les monts, les voiles sur la mer !
O vision ! chevaux aux croupes pommelées !
O tempêtes de chars et d'escadrons ! mêlées !
Nuages d'hommes, chocs, panaches, éperons !
Bouches ivres de bruit soufflant dans les clairons !
Les casques d'or ; les tours sonnant des funérailles ;
Des murailles sans fin ; d'où sortez-vous, murailles ?
Des champs dorés changés en gueules de l'enfer ;
Les hydres légions aux écailles de fer ;
Des glaives et des yeux tourbillonnant en trombes ;
La semence des os faisant lever des tombes ;
L'orgueil aveugle aux chants joyeux ; chaque troupeau
Promenant son linceul qu'il appelle drapeau ;
Des vaisseaux se mordant avec des becs difformes,
Si bien que la mer glauque et l'onde aux plis énormes,
Les gouffres, les écueils, verront l'homme hideux,
Et que Léviathan dira : Nous sommes deux !
O tumulte profond des siècles dans la haine !
Abrutissement fauve et fou ! terreur ! géhenne !
Obscurité ! furie à toute heure, en tout lieu !
Sinistre cliquetis de l'homme contre Dieu !

« Combattants ! combattants ! sortez des nuits profonde
Les uns viendront avec des haches et des frondes ;
Les autres accourront traînant sous le ciel bleu
Des monstres d'airain, noirs, vivants, crachant du feu,
Des bêtes de la mort faites par l'homme horrible.
Des couleuvres de bronze au cou long et terrible
Souffleront et feront envoler à grand bruit
Le cheval, la fanfare, et l'homme dans la nuit.
On meurt ! on meurt ! hiboux, corbeaux, noires volées !
Villes prises d'assaut ! O femmes violées !
O vengeance ! — Tuez ! Pourquoi ? Pour rien. Allez.
Ils tueront. Ils tueront, de carnage essoufflés,
Les grands dans les palais, les petits dans les bouges,
Et se proposeront, portant des urnes rouges,
D'emplir avec du sang le sépulcre sans fond.
Tuez. Ce que Dieu fit, les hommes le défont.
Bien. O guerre ! ô dragon qui dans l'ombre me lèches !
Le grand ciel est rayé d'un ouragan de flèches !
Bien. Guerre, roule-toi sur les peuples agneaux :
Noue à l'humanité tes lugubres anneaux,
Guerre ! L'homme content veut que tu l'extermines !
Va donc ! fais fourmiller les bataillons vermines.
Mange ! — Mange les camps, les murs, les chars mouvan
Mange les tours de pierre et les ventres vivants :
Mange les dieux, et mange aussi les rois ; travaille ;
Mange le laboureur, le soc, l'épi. la paille,
Le champ ; mange l'abeille et mange l'alcyon ;
Sois le ver monstrueux du fruit création.

«Dieu ! pourquoi créas-tu la mort ? l'homme l'invente.
L'eunuque bat des mains, ébloui d'épouvante.

« Tuez, tuez ! — Au nord, au couchant, au midi.
Partout, cercle effroyable et sans cesse agrandi,
La bataille repaît mes yeux visionnaires.
Oh ! le sombre avenir roule plein de tonnerres !
Oh ! dans l'air à jamais je vois la mort sifflant !
Oh ! je vois à jamais saigner la guerre au flanc
De l'humanité triste, affreuse et criminelle ;
Et le mutilé rit à la plaie éternelle !

« Les races sécheront comme un torrent d'été ;
La vierge sera veuve avant d'avoir été ;
La mère pleurera d'avoir été féconde.
O joie !

« En ce moment Nemrod est seul au monde ;
La terre est encor faible et n'en peut porter qu'un ;
Mais le mal germera sous le ciel importun,
Mais vous pullulerez, ô glaive, ô cimeterre.
Quel spectacle quand tout se mordra sur la terre,
Et quand tous les Nemrods se mangeront entre eux !
Parfois je vais, au bord d'un fleuve ténébreux,
Regarder, sur le sable ou dans les joncs d'une île,
Le vautour disputer sa proie au crocodile ;
Chacun veut être seul, chacun veut être roi,
Chacun veut tout ; et moi, je ris des cris d'effroi
Que poussent les roseaux de l'Euphrate ou du Tigre
Quand le lézard brigand lutte avec l'oiseau tigre.

« Ainsi, peuples, de loin, je savoure vos deuils.
Vous avez les berceaux, vivants! J'ai les cercueils.
J'aspire le parfum des corps sans sépulture.
Ah! pourquoi m'a-t-on pris ma part de la nature!
Vous m'avez arraché du sein qui m'échauffait,
Quand j'étais tout petit, moi qui n'avais rien fait!
Vous avez tué l'homme et laissé l'enfant vivre!
Soyez maudits! Je hais. Ma propre horreur m'enivre.
Malheur à ce qui vit! Malheur à ce qui luit!
Je suis le mal, je suis le deuil, je suis la nuit.
Malheur! — Pendant qu'au bois le loup étreint la louve,
Pendant que l'ours ému cherche l'ourse et la t rouve,
Que la femme est à l'homme, et le nid à l'oiseau,
Que l'air féconde l'eau tremblante, le ruisseau
L'herbe, et que le ramier s'accouple à la colombe,
Moi l'eunuque, j'ai pris pour épouse la tombe! »

II

Et dans le même bois et de l'autre côté
Un lépreux s'écriait :

« — Nature ! immensité !
Étoiles ! profondeurs ! fleurs qu'en tremblant je nomme,
Ne maudissez que moi ! soyez bonnes pour l'homme !

« O Dieu, quand je suis né, vous ne regardiez pas.
La lèpre, rat hideux de la cave trépas,
Me ronge, et j'ai la chair toute déchiquetée.
Je suis la créature immonde et redoutée.
La terre ne m'a pris que pour me rejeter.
Les buissons ont pitié de me voir végéter ;
Ce qu'ils ont en bourgeons sur moi croît en pustules.
Ma peau, quand je suis nu, fait peur aux tarentules.
De loin, au chevrier, au pâtre, au laboureur,
J'apparais spectre, avec le masque de l'horreur.
La lèpre erre sur moi comme un lierre sur l'orme.
Hélas ! hélas ! Seigneur, la sève au flot énorme,
Qui remplit de forêts les montagnes, les nids
De soupirs, de rameaux les arbres rajeunis.

La rose de parfums, et l'espace de mondes,
Me fait manger vivant par des bêtes immondes !
Je suis le souffle peste et le toucher poison ;
Je suis dans une plaie un esprit en prison,
Ame qui pleure au fond d'une fange qui saigne,
Je suis ce que le pied foule, écrase et dédaigne,
L'ordure, le rebut, le crapaud du chemin,
Le crachat de la vie au front du genre humain.
Je me tords, enviant la beauté des chenilles.
Mon reflet rend la source horrible ; mes guenilles
Montrent ma chair, ma chair montre mes os ; je suis
L'abjection du jour, l'infection des nuits.
Ainsi qu'un fruit pourri, la vie est dans ma bouche.
J'ai beau me retourner sur la cendre où je couche,
Je ressemble au remords qui ne peut pas dormir.
Quand je sors, ma maison a l'air de me vomir ;
Quand je rentre, je sens me résister ma porte.
Seigneur ! Seigneur ! je suis importun au cloporte,
Le chien me fuit, l'oiseau craint mon front qui pâlit,
Et le porc monstrueux regarde mal mon lit.
Sous votre ciel splendide et bleu, mon âme est seule.
Ma bouche n'ose pas même baiser la gueule.
L'antre en me voyant gronde et devient soucieux.
Chaque jour rayonnant qui passe sous les cieux
Est un bourreau qui vient me traîner sur la claie.
Le tesson du bourbier, dont j'ai raclé ma plaie,
Va s'en plaindre à la fange et dit : il m'a sali.
Tous sont votre pensée et je suis votre oubli,
Seigneur ; le mal me tient sous sa griffe cruelle.
Des enfants en riant m'ont cassé mon écuelle ;
Je n'ai plus que ma main lépreuse pour puiser
L'eau dans le creux du roc où l'air vient la verser,

De sorte qu'à présent je bois dans mon ulcère.
Seigneur ! Seigneur ! je suis dans le cachot misère.
La création voit ma face et dit : dehors !
La ville des vivants me repousse, et les morts
Ne veulent pas de moi, dégoût des catacombes;
Le ver des lèpres fait horreur au ver des tombes.
Dieu ! je ne suis pas mort et ne suis pas vivant.
Je suis l'ombre qui souffre ; et les hommes, trouvant
Que pour mordre et ronger le damné qui se traîne,
C'était trop peu du chancre, ont ajouté la haine.
Leur foule, ô Dieu, qui rit et qui chante, en passant
Me lapide saignant, expirant, innocent ;
Ils vont marchant sur moi comme sur de la terre ;
Je n'ai pas une plaie où ne tombe une pierre.
Eh bien ! je suis content, Dieu, si je souffre seul !
Eh bien ! je tire à moi tous les plis du linceul
Pour qu'il n'en flotte rien sur la tête des autres !
Eh bien ! je ne sais pas quelles lois sont les vôtres,
Mais, dans mon anathème et mon accablement,
Je le dis, puisse, ô Dieu du sacré firmament,
Du fond de ma nuit noire, en ce monde où nous sommes,
Mon malheur rayonner en bonheur sur les hommes !

« Qu'ils vivent dans la joie et l'oubli, jamais las !
Ce qu'il vous doit, ô Dieu, l'homme l'ignore, hélas !
Oh ! que je sois celui qui pleure et qui rachète !
Laissez-moi vous payer leur rançon en cachette,
Dieu bon, par qui Noé connut le raisin mûr !
Femmes qui, si ma tête ose passer mon mur,
Si je tâche en passant de voir votre lumière,
Frémissantes, crachez sur ma pauvre chaumière,

5.

Et qui vous enfuyez avec des cris d'effroi,
Que Dieu vous donne, hélas! l'amour qu'il m'ôte à moi!
Je vous bénis. Chantez dans cette vie amère.
Petit enfant qui tiens la robe de ta mère,
Et qui, si tu me vois songeant dans l'infini.
Dis : — Mère, quel est donc ce monstre? — sois béni!
Vous, hommes, qui riez des pleurs de mes paupières.
O mes frères lointains qui me jetez des pierres,
Soyez bénis! bénis sur terre et dans les cieux!
Pères, dans vos enfants. et, fils, dans vos aïeux!
Car, puisque l'eau veut bien que ma lèvre la touche.
La bénédiction doit sortir de ma bouche ;
Puisque mon bras peut prendre un fruit dans le chemin,
La bénédiction doit tomber de ma main :
Et, ciel, puisque mon œil voit ta face éternelle.
La bénédiction doit emplir ma prunelle !

« Oui, j'ai le droit d'aimer ! J'ai le doit de pencher
Mon cœur sur l'homme, l'arbre et l'onde et le rocher :
J'ai le droit de sacrer la terre vénérable.
Étant le plus abject et le plus misérable !
J'ai le droit de bénir puisque je suis maudit.
Donc, terre, monts sacrés dont Adam descendit.
Fleuves, je vous bénis, et je vous bénis. plaines ;
Vous tous, êtres ! oiseaux, moutons aux blondes laines,
Fourmis des bois, pasteurs dans vos tentes de crin.
Toi, mer, qui resplendis comme un liquide airain.
Serpents qui ressemblez à des branches horribles.
Fleurs dont les parfums sont des rayons invisibles.
Ciel qui nous dis tout bas dans l'ombre : je suis près;
Nocturnes profondeurs des muettes forêts,

Sources qui répandez vos murmures dans l'herbe,
Joncs frémissants qu'émeut le souffle né du verbe,
Bœuf qui mugis, lion qui vas, chevreau qui pais,
Soyez dans la lumière et soyez dans la paix !

« Moi je dois me cacher, l'homme n'est pas mon hôte ;
J'ai la nuit. Pourquoi suis-je horrible ? C'est ma faute.
Pardonnez-moi ! Pardon, ô femme ! pardon, fleur !
Pardon, jour ! Entr'ouvrant ses lèvres de douleur,
Mon ulcère, ô vivants, tâche de vous sourire.
Oui, vous avez bien fait, frères, de me proscrire
Puisque je souffrais tant que je vous faisais peur.
C'est de l'amour qui sort quand vous broyez mon cœur
Le lépreux y consent, vivez, homme et nature !
Dans le ciel radieux je jette ma torture,
Ma nuit, ma soif, ma fièvre et mes os chassieux.
Et le pus de ma plaie et les pleurs de mes yeux,
Je les sème au sillon des splendeurs infinies,
Et sortez de mes maux, biens, vertus, harmonies !
Répands-toi sur la vie et la création,
Sur l'homme et sur l'enfant, lèpre, et deviens rayon !
Sur mes frères que l'ombre aveugle de ses voiles,
Pustules, ouvrez-vous et semez des étoiles !

« O Dieu ! dont ici-bas tout n'est que la vapeur,
O Dieu, rayonnement qu'adore ma stupeur,
O Dieu, qui portez l'astre et tenez le tonnerre,
Clarté que l'aigle montre aux aiglons dans son aire,
Ame ! abîme ! écoutez la prière du ver !
Faites devant l'été reculer l'âpre hiver,

La triste nuit devant l'aurore, les misères
Devant l'homme, les maux devant le bien, les serres
Devant le doux oiseau, les loups devant le daim !
Ramenez par la main le couple dans Éden.
Réconciliez l'être, ô père, avec les choses.
Arrachez doucement les épines des roses.
Faites que la brebis admire le lion.
Supprimez le combat, le choc, le talion ;
Soufflez sur les fureurs et les horreurs humaines,
Et faites une fleur avec toutes les haines !
Versez sur tous leurs fronts la sereine beauté.
O songeur de l'obscure et calme éternité,
Être mystérieux dont les sphères débordent,
Dieu ! faites se baiser les bouches qui se mordent ;
Emplissez de bonheur les rameaux verts ; mettez
La femme dans la grâce et l'homme à ses côtés ;
Faites mûrir le fruit ; faites lâcher la proie ;
Faites des berceaux blancs sortir un bruit de joie,
Croître le lys, fleurir l'arbre, rire le jour,
Et sous l'immense azur chanter l'immense amour ! » —

Et les astres voyaient, dans les splendeurs profondes,
Pendant que, bénissant l'homme, les plaines blondes,
Les grands fleuves, les bois, les monts silencieux,
S'ouvrait et se dressait lentement vers les cieux
La main du lépreux, noire, affreuse, triste et frêle,
La main de Jéhovah se dresser derrière elle.

SELON ORPHÉE ET SELON MELCHISEDECH

I

Dans son désœuvrement, Nemrod, d'ombre chargé,
Ravagea de nouveau le monde ravagé,
Recommença, brûla deux fois les mêmes villes,
Rougit la vaste mer du flamboiement des îles,
Brûla Ségor, brûla Gergesus, brûla Tyr.
Puis, ayant tout détruit, il se mit à bâtir.
Il construisit Achad, il créa Babylone,
Il bâtit Gour dans l'ombre où le vent tourbillonne,
Resen dans les palmiers, Chalanné sur les monts ;
Lieux qu'on ne nommait pas comme nous les nommons.
Il fit, pour abriter Pytiunte et Dioscure,
Un mur énorme au fond de la Tauride obscure,

Il habilla d'acier ses soldats triomphants ;
Il fit trembler des tours au dos des éléphants :
Il troua le Caucase ébranlé sur son axe ;
Il versa dans la mer le Cyrus et l'Araxe ;
Mais rien n'emplit son âme ; il disait : J'ai vécu.
Que faire ?—Et chaque jour, plus las et plus vaincu,
Morne, il sentait monter dans son cœur solitaire
L'immense ennui d'avoir conquis toute la terre.

II

L'an deux mille, Nemrod, passant les flots émus,
Vint jusqu'à Dodanim que nous nommons l'Hémus.
Là, dans un noir désert dont le lion est l'hôte,
Il entendit quelqu'un qui parlait à voix haute.
C'était Orphée.

       Orphée au front calme, écouté
Par la sombre nature émue à sa clarté,
Homme à qui se frottait le dos des bêtes fauves,
Racontait aux forêts, aux vents, aux vieux monts chauves,
La bataille où les dieux vainquirent les typhons.

Voici ce que disait Orphée aux bois profonds :

« Les géants n'avaient plus de montagnes. Leur fuite
Commençait ; l'Hémonie était presque détruite.
Ils avaient entassé Pinde, Ossa, Pélion,
Rhodope ; et ces monts noirs d'où fuyait le lion,
Nus, renversés, fumaient d'éclairs et de brûlures ;
Et leurs torrents pendaient comme des chevelures ;
Et les géants couraient vers le golfe de Tyr.
Ils voyaient les dieux vaincre, et Neptune engloutir
Oromédon sous Cos, Polybe sous Nisyre.
Thryx embrasé fondait comme un flambeau de cire.
Porphyrion, levant ses mains vides, criait
A la Terre, rôdant au loin, spectre inquiet :
Mais apporte-nous donc une montagne, mère !
Crès, par la foudre étreint, lui jetait l'onde amère.
Andès, frère d'Astrée et père de Thallo,
S'en allait à grands pas au plus profond de l'eau,
Et jusqu'à la ceinture avait la mer Égée ;
Zéus Jupiter vint, la main d'éclairs chargée,
Et lui cria : Sois pierre, ô monstre ! Et le géant
Vit Zéus, devint roche et s'arrêta béant.
Et Titan dit : Merci ! tu nous donnes des armes !
Et pendant que tremblait la Terre, aïeule en larmes,
Il courut, et, prenant Andès par le milieu,
Il jeta le géant à la tête du dieu. »

Et Nemrod s'écria : — Titan est mon ancêtre.

Il revint vers les monts où l'on voit l'aube naître ;
Il rentra dans Assur que la splendeur revêt.

Son glaive d'où la guerre était sortie avait
Une tache inconnue, empreinte indélébile,
Que Nemrod par moments contemplait immobile.

Un soir dans un lieu sombre où marchait ce bandit,
Une voix qui parlait dans un rocher, lui dit :
— Passe. Dieu reste.

     Et lui, cria : — J'ai pour royaume
Le monde ; toi, qu'es-tu ?

      La voix reprit : — Fantôme,
Je suis Melchisédech, je vivrai dans mille ans. —

Nemrod dit : — Qu'as-tu vu depuis que dans ses flancs
Ce roc t'enferme ?

     Et l'être enfoui dans la pierre
Dit :

  « —Je suis âme, et l'âme est un œil sans paupière.
Le monde a commencé par être horrible. Avant
Que le front se dressât plein de l'esprit vivant,
Avant que, dominant l'animal et la plante,

La pensée habitât la prunelle parlante,
Et qu'Adam, par la main tenant Ève, apparût,
L'ébauche fourmillait dans la nature en rut,
La poulpe aux bras touffus, la torpille étoilée,
D'immenses vers volants dont l'aile était onglée,
De hauts mammons velus, nés dans les noirs limons,
Troublaient l'onde, ou levaient leurs trompes sur les monts
Sous l'enchevêtrement des forêts inondées
Glissaient des mille-pieds longs de cinq cents coudées;
Et de grands vibrions, des volvoces géants
Se tordaient à travers les glauques océans.
L'être était effrayant. La vie était difforme.
Partout rampait l'impur, l'affreux, l'obscur, l'énorme.
La vermine habitait le globe chevelu.
Et l'homme n'était pas ; Dieu n'ayant pas voulu
Donner ce noir spectacle à voir à l'âme humaine.
Satan, dans ce lugubre et féroce domaine,
Passait, comme un chasseur qui souffle dans son cor.
— Mais, avant ces temps-là, c'était plus sombre encor.
Tout l'univers n'était qu'une morne fumée.
Ainsi que des oiseaux dans une main fermée,
L'horreur tenait captifs le germe et l'élément.
Un tout, qui n'était rien, vivait confusément.
Des apparitions flottaient sur l'insondable.
Au fond de cette brume étrange et formidable,
Comme si, quoique rien ne fût encor puni,
Le gouffre eût essayé d'engloutir l'infini,
On voyait, aux lueurs des visions funèbres,
S'ouvrir et se fermer la gueule des ténèbres.
Partout apparaissait, à l'œil épouvanté,
La face du néant, faite d'obscurité.
A chaque instant, le fond redevenait la cime;

Et, comme une nuée au-dessus d'un abîme,
Dans cette ombre où rampaient les larves des fléaux.
Le monstre Nuit planait sur la bête Chaos. —
C'était ainsi quand Dieu se levant dit à l'ombre :
— Je suis. — Ce mot créa les étoiles sans nombre.
Et Satan dit à Dieu : — Tu ne seras pas seul. »

Et Nemrod s'écria : — Satan est mon aïeul.

III

Il resta trente jours au fond des solitudes,
Rêvant parmi les rocs aux sombres attitudes ;
Quand il revint, son œil brillait comme un flambeau.

Et l'eunuque Zaïm noir comme le tombeau,
Se prosternant, lui dit :

                    — Roi, vous avez la terre.
Vous êtes roi d'Assur, dont Tyr est tributaire.
Il a suffi qu'Assur vînt pour qu'il triomphât
Aux sources de Cadès qu'on nomme aussi Misphat.
Dieu règne moins que vous. Votre face est sacrée.
Et vous faites couler, sur la terre qu'il crée,
Des rivières de sang près de ses fleuves d'eau.
L'homme porte Nemrod, et l'âne son fardeau.
A qui sont les palmiers d'Edom, l'herbe fleurie
D'Hébron, les trois cents tours qui gardent Samarie ?
A vous. A qui les fronts, les yeux et les genoux
Des vieillards, des enfants et des femmes ? A vous.
A qui l'ibère brun qui parle avec emphase ?
A vous. Sarapanis, citadelle du Phase ?

A vous. Vous avez pris sous les dattiers lointains,
Sa ville à Phétrusim, père des philistins.
Le Nil est votre chien, Thèbe est votre captive.
Trois chars passent de front sur les murs de Ninive ;
Et Ninive est à vous. Gour veut vous obéir.
Sidon, les horréens dans les monts de Seïr,
Ophir, les bijoutiers qui sculptent des ivoires
Dans Cariathaïm, la ville aux portes noires,
Tout est à vous ; Sichem, Chanaan, Hazerod.
Il ne reste plus rien.

         — Que le ciel, dit Nemrod.

AVEC LE BOIS DE L'ARCHE

I

Il s'en retourna seul au désert; et cet homme,
Ce chasseur, c'est ainsi que la terre le nomme,
Avait un projet sombre; et les vagues démons
Se le montraient du doigt.

                      Il prit, sur de grands monts
Que battaient la nuée et l'éclair et la grêle,
Quatre aigles qui passaient dans l'air, et sous leur aile
Il mit tout ce qu'il put de la foudre et des vents.
Puis il écartela, hurlant, mordant, vivants,
Entre ses poings de fer, quatre lions libyques,
Et suspendit leurs chairs au bout de quatre piques.

6.

Puis le géant rentra dans Suze aux larges tours.
Et songea trente jours.

　　　　　　　　　Au bout des trente jours.
Nemrod prit dans sa main les aigles, sur sa nuque
Chargea les lions morts et, suivi de l'eunuque,
S'en alla vers le mont Ararat, grand témoin.

Il monta vers la cime où les peuples de loin
Voyaient frémir au vent le squelette de l'arche.
Il fut sur ce sommet en deux heures de marche.

L'arche en voyant Nemrod trembla.

　　　　　　　　　　　Le dur chasseur
Prit ces débris, verdis dans leur lourde épaisseur
Par la terre mouillée, horrible marécage.
Et de ces madriers construisit une cage.
Chevillée en airain, carrée, à quatre pans,
Et sur les trous du bois mit des peaux de serpents :
Et cette cage, vaste et sinistre tanière.
Pour toute porte avait deux trappes à charnière.
L'une dans le plafond, l'autre dans le plancher.

Et l'eunuque tremblait et n'osait approcher.

Nemrod debout foulait le pic inabordable.
Il allait et venait, charpentier formidable :

La terre l'écoutait remuer sur le mont ;
Le bruit de son marteau, troublant l'éther profond,
Faisait au loin lever la tête aux monts Carpathes ;
Accroupis, devant Thèbe allongeant leurs deux pattes,
De leur œil fixe où l'ombre a l'air de rayonner,
Les sphinx le regardaient cherchant à deviner.
Et la mer Caspienne en bas rongeait la grève.

Au bout d'un long sapin il attacha son glaive,
Puis posa dans sa main ce vaste javelot,
Et dit : C'est bien. Le mont qu'avait couvert le flot
Et qui connaissait Dieu, frémit sous sa pensée.

II

Par une corde au sol la cage était fixée.
Il mit aux quatre coins les quatre aigles béants.
Il leur noua la serre avec ses doigts géants,
Et les bois entendaient les durs oiseaux se plaindre.
Puis il lia, si haut qu'ils n'y pouvaient atteindre,
Au-dessus de leurs fronts inondés de rayons,
Les piques où pendait la viande des lions ;
Nemrod dans ce char, noir comme l'antique Érèbe,
Mit un siège pareil à son trône de Thèbe,
Et cent pains de maïs et cent outres de vin.

Zaïm n'essayait pas même un murmure vain.
Dans la cage, à côté de sa chaise thébaine,
Le roi fit accroupir l'eunuque au front d'ébène.

Et les cèdres disaient : Que va-t-il se passer?

Sur la cage tremblante et prête à traverser
Des horizons nouveaux et d'étranges tropiques.
Les quatre aigles criaient au pied des quatre piques.

Alors, une tiare au front comme Mithra.
Nemrod, son arc au dos, sa flèche au poing, entra
Dans la cage, et le roc tressaillit sur sa base :
Et lui, sans prendre garde aux frissons du Caucase,
Vieux mont qui songe à Dieu sous les soirs étoilés,
Coupa la corde, et dit aux quatre aigles : Allez.

Et d'un bond les oiseaux effrayants s'envolèrent.

III

Et dans l'immensité que les astres éclairent
La cage s'éleva, liée à leurs pieds noirs.

Alors, tandis qu'en bas les lacs, vastes miroirs,
Les palmiers verts, les champs rayés par les cultures,
Horeb et Sinaïb, sombres architectures,
Et les bois et les tours rampaient, et qu'emportés
Dans l'air, battant de l'aile au milieu des clartés,
Les quatre aigles cherchaient du bec la chair sanglante,
Il sortit presque hors de la cage volante;
Farouche, il regarda les montagnes d'Assur
Qui, s'enfonçant avec leurs forêts dans l'azur,
Semblaient tomber dans l'ombre au loin diminuées,
Et s'écria, penché sur le gouffre :

                                    — O nuées,
Nemrod, le conquérant de la terre, s'en va!
Je t'avertis là-haut, Jéhovah! Jéhovah!
C'est moi. C'est moi qui passe, ô monts aux cimes blanches.
Bois, regardez monter l'homme à qui sont vos branches,
Mer, regarde monter l'homme à qui sont tes flots,
Morts, regardez monter l'homme à qui sont vos os!
Terre, arbres que les vents courbent sous leurs haleines,

O déserts, noirs vallons, lacs, rochers, grandes plaines.
Levez vos fronts sans nombre et vos millions d'yeux :
Nemrod va conquérir le ciel mystérieux !

IV

Et l'esquif monstrueux se ruait dans l'espace.
Les noirs oiseaux volaient, ouvrant leur bec rapace.
Les invisibles yeux qui sont dans l'ombre épars
Et dans le vague azur s'ouvrent de toutes parts.
Stupéfaits, regardaient la sinistre figure
De ces brigands ailés à l'énorme envergure :
Et le char vision, tout baigné de vapeur,
Montait ; les quatre vents n'osaient souffler, de peur
De voir se hérisser le poitrail des quatre aigles.

Plus, sans frein, sans repos, sans relâche et sans règles,
Les aigles s'élançaient vers les lambeaux hideux.
Plus le but reculant montait au-dessus d'eux :
Et, criant comme un bœuf qui réclame l'étable,
Les grands oiseaux, traînant la cage redoutable,
Le poursuivaient toujours sans l'atteindre jamais.
Et, pendant qu'ils montaient, gouffres noirs, clairs sommets,
Tout s'effaçait : l'étrusque et l'osque et le pélasge
Disaient : — Qu'est-ce que c'est que ce sombre attelage ?

Est-ce le char où sont les aquilons grondants?
Est-ce un tombeau qui monte avec l'âme dedans? —
Pharan, Nachor, Sephar, solitudes maudites,
Les colosses gardiens des cryptes troglodytes,
Les faucons de la mer, les mouettes, les plongeons,
L'homme du bord des eaux dans sa hutte de joncs,
Chalamé, devant qui Thèbes semblait petite,
Gomorrhe, fiancée au noir lac asphaltite,
Sardes, Ninive, Tyr, maintenant sombre amas,
Hoba, ville qu'on voit à gauche de Damas,
Edom sous le figuier, Saba sous le lentisque,
Avaient peur; Ur tremblait; et les joueurs de disque
S'interrompaient, levant la tête et regardant;
Les chameaux, dont le cou dort sur le sable ardent,
Ouvraient l'œil; le lézard se dressait sous le lierre;
Et la ruche disait : vois! à la fourmilière.
Le nuage hésitait et rentrait son éclair;
La cigogne lâchait la couleuvre dans l'air;
Et la machine ailée en l'azur solitaire
Fuyait; et pour la voir vint de dessous la terre
Un oiseau qu'aujourd'hui nous nommons le condor.
Et la mer d'Ionie, aux grandes îles d'or,
Ce gouffre bleu d'où sort l'odeur des violettes,
Frissonnait; dans les champs de guerre, les squelettes
Se parlaient; le pilône au fronton nubien,
Le chêne qui salue et dit à Dieu : c'est bien!
Et l'antre où les lions songent près des prophètes,
Tremblaient, de voir courir cette ombre sur leurs têtes,
Et regardaient passer cet étrange astre noir.
Et Babel s'étonnait.

Calme comme le soir,

Nemrod rêvait au fond de la cage fermée.
Et les puissants oiseaux, la prunelle enflammée,
Montaient, montaient sans cesse, et volant, furieux,
Vers la chair, le faisaient envoler vers les cieux.

Symbole de nos sens lorsqu'allant vers la femme,
Effrénés, dans l'amour ils précipitent l'âme !

Mais l'amour n'était pas au cœur du dur chasseur.

Isis montrait ce char à Cybèle sa sœur.
Dans les temples profonds de Crète et de Tyrrhène,
Les dieux olympiens à la face sereine
Écoutaient l'affreux vol des quatre alérions.
Même aujourd'hui, l'arabe, à l'heure où nous prions,
Cherche s'il ne va pas voir encor dans l'espace
La constellation des quatre aigles qui passe ;
Et, dans l'Afrique ardente où meurt le doux gazon,
Morne terre qui voit toujours à l'horizon
Nemrod, l'homme effrayant, debout, spectre de gloire,
Le pâtre, si son œil trouve une tache noire
Sur le sable où vivaient Sidon et Sarepta,
Devient pensif et dit : C'est l'ombre qu'il jeta.

V

Et les aigles montaient.

            Leurs ailes éperdues
Faisaient, troublant au loin les calmes étendues,
Des oscillations dans l'immobilité;
Autour du char vibrait l'éther illimité,
Mer que Dieu jusque-là seul avait remuée.

Comme ils allaient franchir la dernière nuée,
Les monts noirs qui gisaient sur terre, soucieux,
Virent le premier aigle, escaladant les cieux
Comme s'il ne devait jamais en redescendre,
Se tourner vers l'aurore et crier : — Alexandre!
Le deuxième cria du côté du midi :
— Annibal! Le troisième, à l'œil fixe et hardi,
Sur le rouge occident jeta ce cri sonore :
— César! Le dernier, vaste et plus terrible encore,
Fit dans le sombre azur signe au septentrion,
Ouvrit son bec de flamme et dit : — Napoléon!

LA TRAPPE D'EN BAS ET LA TRAPPE D'EN HAUT

I

L'infini se laissait pousser comme une porte ;
Et tout le premier jour se passa de la sorte ;
Et les aigles montaient.

　　　　　Et Nemrod, sans le voir,
Sentit, au souffle obscur qui se répand le soir,
Que la nuit froide allait ouvrir sa pâle crypte ;
Les mains sur les genoux comme les dieux d'Égypte,
Il dit au noir :

　　　　　— Hibou que ma droite soutient,
Vois comment est la terre et ce qu'elle devient. —

L'eunuque ouvrit la trappe en bas, et dit :

.   — La terre,
Tachée et jaune ainsi qu'une peau de panthère,
Emplit l'immensité ; dans l'espace changeant
Les fleuves sont épars comme des fils d'argent,
Notre ombre flotte et court sur les collines vertes ;
De vos ennemis morts les plaines sont couvertes
Comme d'épis fauchés au temps de la moisson ;
Les villes sont en flamme autour de l'horizon ;
O roi, vous êtes grand. Malheur à qui vous brave !

—Approchons-nous du ciel ? dit Nemrod.

                                                Et l'esclave
Ouvrit la trappe haute et dit : — Le ciel est bleu.

                              II

Et les aigles montaient.

                              L'espace sans milieu
Ne leur résistait pas et cédait à leurs ailes :
L'ombre, où les soleils sont comme des étincelles,

Laissait passer ce char plein d'un sombre projet.

Lorsque l'eunuque avait faim ou soif, il mangeait ;
Et Nemrod regardait, muet, cette chair noire
 Prendre un pain et manger, percer une outre et boire ;
Le chasseur infernal qui se croyait divin
Songeait, et, dédaignant le maïs et le vin,
Il buvait et mangeait, cet homme de désastres,
L'orgueil d'être traîné par des aigles aux astres.

Sans dire un mot, sans faire un geste, il attendit,
Rêveur, une semaine entière, puis il dit :

— Vois comment est la terre.

                                   Et l'eunuque difforme
Dit : — La terre apparaît comme une sphère énorme
Et pâle, et les vapeurs, à travers leurs réseaux,
Laissent voir par moments les plaines et les eaux. —

Nemrod dit : — Et le ciel ?

                         Zaïm reprit : — Roi sombre,

Le ciel est bleu.

III

Le vent soufflait en bas dans l'ombre ;
Et les aigles montaient.

                    Et Nemrod attendit
Un mois, montant toujours ; puis il cria : — Maudit !
Regarde en bas et vois ce que devient la terre.

Zaïm dit : — Roi, sous qui la foudre doit se taire,
La terre est un point noir et semble un grain de mil.

Et Nemrod fut joyeux.

                    — Nous approchons, dit-il.
Vois ! regarde le ciel maintenant. Il doit être
Plus près.

        Zaïm leva la trappe, et dit : — O maître.
Le ciel est bleu.

IV

Le vent triste soufflait en bas ;
Et les aigles montaient.

Nemrod, roi des combats,
Attendit, sans qu'un souffle échappât à son âme,
Trois mois, montant toujours; puis: —Chien, quehait la femm
Cria-t-il, Vois! la terre a-t-elle encor décrû ?

L'eunuque répondit : — La terre a disparu.
Roi, l'on ne voit plus rien dans la profondeur sombre.

Nemrod dit. — Que m'importe une terre qui sombre !
Vois comment est le ciel. Approchons-nous un peu ?
Regarde.

Et Zaïm dit : — O roi, le ciel est bleu !

V

Le vent soufflait en bas.

                Tournant son cou rapide,
Un aigle alors cria : — J'ai faim, homme stupide ! —
Et Nemrod leur donna l'eunuque à dévorer.

Les aigles montaient.

              Rien ne venait murmurer
Autour de la machine en sa course effrénée.
Nemrod, montant toujours, attendit une année
Dans l'ombre, et le géant, durant ce noir chemin,
Compta les douze mois sur les doigts de sa main.

Quand l'an fut révolu, le sinistre satrape
Resté seul, n'ayant plus l'eunuque, ouvrit la trappe
Que le soleil dora d'une lueur de feu,
Et regarda le ciel, et le ciel était bleu.

VI

Alors, son arc en main, tranquille, l'homme énorme
Sortit hors de la cage et sur la plate-forme
Se dressa tout debout et cria : Me voilà.
Son œil ne chercha point la terre ; il contempla,
Pensif, les bras croisés, le ciel toujours le même ;
Puis, calme et sans qu'un pli tremblât sur son front blême,
Il ajusta la flèche à son arc redouté.
Les aigles frissonnants regardaient de côté.
Nemrod éleva l'arc au-dessus de sa tête ;
Le câble lâché fit le bruit d'une tempête,
Et, comme un éclair meurt quand on ferme les yeux,
L'effrayant javelot disparut dans les cieux.

Et la terre entendit un long coup de tonnerre.

VII

Un mois après, la nuit, un pâtre centenaire
Qui songeait dans la plaine où Caïn prit Abel,

Champ hideux d'où l'on voit le front noir de Babel,
Vit tout à coup tomber des cieux, dans l'ombre étrange,
Quelqu'un de monstrueux qu'il prit pour un archange;
C'était Nemrod.

VIII

Couché sur le dos, mort, puni,
Le noir chasseur tournait encor vers l'infini
Sa tête aux yeux profonds que rien n'avait courbée.

Auprès de lui gisait sa flèche retombée.
La pointe, qui s'était enfoncée au ciel bleu,
Était teinte de sang. Avait-il blessé Dieu?

LES MAGES ATTENTIFS

Nemrod en s'en allant n'emporta pas la Guerre.
Elle resta, parlant plus haut que le tonnerre;
Son regard au sillon faisait rentrer l'épi;
Et ce spectre, mille ans, sur le monde accroupi,
Lugubre, et, comme un chien mâche un os, rongeant l'homme,
Couva l'œuf monstrueux d'où sortit l'aigle Rome.
Et pendant ce temps-là, comme parfois aux yeux
Une vapeur trahit un feu mystérieux,
Il sortait par endroits de la terre où nous sommes
D'affreux brouillards vivants qui devenaient des hommes,
Puis des dieux, qu'on nommait Teutatès, Mars, Baal,
Et qui semblaient avoir en eux l'âme du mal.
L'horreur, le sang, le deuil couvraient la race humaine.

Et les mages, que Dieu dans le désert amène,
Collaient l'oreille au sable ; et, de terreur ployés,
Frémissants, sous la terre, au-dessous de leurs pieds,
Ils entendaient Satan dans les nuits éternelles
Qui volait et heurtait la voûte de ses ailes.

———————

HORS DE LA TERRE

II

LA PLUME DE SATAN

La plume, seul débris qui restât des deux ailes
De l'archange englouti dans les nuits éternelles,
Était toujours au bord du gouffre ténébreux.
Les morts laissent ainsi quelquefois derrière eux
Quelque chose d'eux-même au seuil de la nuit triste ;
Sorte de lueur vague et sombre, qui persiste.

Cette plume avait-elle une âme ? Qui le sait ?
Elle avait un aspect étrange ; elle gisait
Et rayonnait ; c'était de la clarté tombée.

Les anges la venaient voir à la dérobée.
Elle leur rappelait le grand Porte-Flambeau ;

Ils l'admiraient, pensant à cet être si beau
Plus hideux maintenant que l'hydre et le crotale;
Ils songeaient à Satan dont la blancheur fatale,
D'abord ravissement, puis terreur du ciel bleu,
Fut monstrueuse au point de s'égaler à Dieu.
Cette plume faisait revivre l'envergure
De l'ange, colossale et hautaine figure;
Elle couvrait d'éclairs splendides le rocher.
Parfois les séraphins, effarés d'approcher
De ces bas-fonds où l'âme en dragon se transforme,
Reculaient aveuglés par sa lumière énorme;
Une flamme semblait flotter dans son duvet;
On sentait, à la voir frissonner, qu'elle avait
Fait partie autrefois d'une aile révoltée;
Le jour, la nuit, la foi tendre, l'audace athée,
La curiosité des gouffres, les essors
Démesurés, bravant les hasards et les sorts,
L'onde et l'air, la sagesse auguste, la démence,
Palpitaient vaguement dans cette plume immense;
Mais dans son ineffable et sourd frémissement
Au souffle de l'abîme, au vent du firmament,
On sentait plus d'amour encor que de tempête.

Et sans cesse, tandis que sur l'éternel faîte
Celui qui songe à tous pensait dans sa bonté,
La plume du plus grand des anges, rejeté
Hors de la conscience et hors de l'harmonie,
Frissonnait, près du puits de la chute infinie,
Entre l'abîme plein de noirceur et les cieux.

Tout à coup un rayon de l'œil prodigieux
Qui fit le monde avec du jour, tomba sur elle.

Sous ce rayon, lueur douce et surnaturelle,
La plume tressaillit, brilla, vibra, grandit,
Prit une forme et fut vivante, et l'on eût dit
Un éblouissement qui devient une femme.
Avec le glissement mystérieux d'une âme,
Elle se souleva debout, et, se dressant,
Éclaira l'infini d'un sourire innocent.

Et les anges, tremblants d'amour, la regardèrent.
Les chérubins jumeaux, qui l'un à l'autre adhèrent,
Les groupes constellés du matin et du soir,
Les Vertus, les Esprits, se penchèrent pour voir
Cette sœur de l'enfer et du paradis naître.

Jamais le ciel sacré n'avait contemplé d'être
Plus sublime parmi les souffles et les voix.
En la voyant si fière et si pure à la fois,
La pensée hésitait entre l'aigle et la vierge;
Sa face, défiant le gouffre qui submerge,
Mêlant l'embrasement et le rayonnement,
Flamboyait; et c'était, sous un sourcil charmant,
Le regard de la foudre avec l'œil de l'aurore.

L'archange du soleil, qu'un feu céleste dore,
Dit : — De quel nom faut-il nommer cet ange, ô Dieu ?

Alors, dans l'absolu que l'Être a pour milieu,
On entendit sortir des profondeurs du Verbe
Ce mot qui, sur le front du jeune ange superbe
Encor vague et flottant dans la vaste clarté,
Fit tout à coup éclore un astre : — LIBERTÉ.

———————

LIVRE DEUXIÈME

—

LE GIBET

I

LA JUDÉE

LA TERRE SOUS LE TROISIÈME CÉSAR

En ce temps-là, le monde était dans la terreur;
Caïphe était grand-prêtre et Tibère empereur;
Hérode roi des juifs gouvernait sous Pilate;
Rome était la nuée où le tonnerre éclate;
Jérusalem était l'âne sous le bâton.
Des proconsuls assis le poing sous le menton,
Vêtus de pourpre, ayant le roi pour satellite,
Remplaçaient au-dessus du peuple israélite
Les pharaons à l'œil fixe et mystérieux.
Quelques rares autels fumaient sur les hauts lieux,

Mais c'étaient les autels des guèbres, que tolère
Rome ayant trop de dieux pour croire avec colère.

Temps fatal! César roi, tout le reste sujet.
La conquête romaine, immense, submergeait
Les peuples qu'elle avait saisis l'un après l'autre ;
Et cette vague épaisse où le soldat se vautre
Grossissait, et, de proche en proche, envahissait
La terre, où les songeurs disaient : qu'est-ce que c'est ?
Cette inondation de Rome était lugubre ;
L'empire était partout comme une onde insalubre :
Il croissait comme un fleuve épars sous des forêts.
Et changeait lentement l'univers en marais.
Les docteurs méditaient sur ce second déluge.
Ayant leurs livres saints pour cime et pour refuge.
Les prêtres, rattachés aux textes, au-dessus
Des hommes débordés dans le gouffre aperçus,
Laissaient couler sous eux ces mornes avalanches.
Pareils à des serpents enroulés dans des branches.

Un peuple commandait. le monde subissait.
Les jaguars, les lions, les ours pris au lacet.
Le tigre redouté même de sa femelle.
Rugissaient sous les pieds de Rome pêle-mêle
Avec les nations dans le même filet.
Partout la servitude à voix basse parlait.
L'unique grandeur d'âme était l'insouciance.
La force avait le droit. Qu'était la conscience ?
De la reptilité sous de l'écrasement.
On regardait l'autel en face et le serment.

Et l'on se parjurait, et l'hymne et la huée
Riaient, et l'âme humaine était diminuée.
L'honnête et le néfaste et le mal et le bien
S'effaçaient dans les cœurs; l'homme ne voyait rien
Qu'une noirceur croissante au-dessus de sa tête;
Une rougeur de torche illuminait le faîte
De l'univers sur qui marchaient les conquérants;
Les uns étaient petits, les autres étaient grands.
Personne n'était pur, saint, vénérable et juste;
De même que d'Octave avait pu naître Auguste,
De la fange partout sortait l'autorité;
Le destin avait l'air d'un abîme irrité;
L'ombre se résolvait en haine autour de l'âme;
L'or sentait bon. Le sage était celui qui blâme
La vertu, le devoir, la foi, le dévouement;
Le plus voisin du vrai c'était celui qui ment;
La mort régnait avec les licteurs pour ministres,
Le genre humain pendait en deux haillons sinistres.
Comme si Dieu l'avait déchiré de ses mains;
Les hommes d'un côté, de l'autre les romains.

II

HÉRODE ET CAÏPHE

Sous l'ongle dédaigneux de Rome fatiguée
Vivait la royauté des juifs qu'avait léguée
L'Hérode Ascalonite à l'Hérode Antipas.
Cet idiot mêlait le meurtre à ses repas.
Et regardait danser Hérodiade nue.
Il avait redoré l'aigle que dans la nue
Son père avait sculptée au fronton du saint lieu:
Car, pour flatter César, ces rois insultaient Dieu.
Il avait fait murer dans le royal repaire
La chambre où, sur un lit de pourpre et d'or, son père,
Surnommé Grand, avait été mangé des vers.
Des paons rôdaient parmi ses jardins toujours verts:
Au fond brillait un lac dit le Bain du Tétrarque;
On y voyait errer les pêcheurs dont la barque
Vogue à coups d'aviron lents et bien maniés.
Comme un autre a des chiens, il avait sous ses pieds
Des philosophes grecs, des athlètes, des mimes,
Et son ennui traînait le poids sombre des crimes.

Il avait, de l'argent d'un péage imposé
Aux caravanes d'Ur, d'Ophir et de Jessé,
Fait faire à son palais une enceinte de brique ;
Car, dans les temps anciens, les marchands de l'Afrique
Venaient des profondeurs du désert calciné ;
Ils apportaient des dents d'éléphant, du séné,
De l'alcali, des peaux de buffle, de la gomme,
Et de la pourpre verte aux proconsuls de Rome.

Caïphe, qui dès lors dirigeait le timon,
Avait été nommé grand-prêtre après Simon ;
Ce n'était point une âme inclinée aux mystères ;
Caïphe n'était pas un de ces solitaires
Qui, pour sonder le sens glissant et ténébreux
Des prophètes luttant confusément entre eux,
Gardent, la nuit, leur lampe à côté de leurs couches,
Et qui songent, penchés sur ces livres farouches
Où l'on entend le choc des glaives de l'esprit.
Trop petit pour la tâche auguste qu'entreprit
Celui qu'on nomme Aaron, c'est-à-dire Montagne,
Tortueux, il avait la fraude pour compagne.
Les yeux d'Hérode étaient sincères près des siens ;
Son miel était poison ; les chefs pharisiens,
Banaïas, intendant d'Epher, Jean l'économe,
Maccès, à qui Pilate avait donné pour nome
Tout le pays d'Horeb et tout le Nephath d'or,
Venaient lui parler bas dans le saint corridor ;
De la couleuvre froide il avait la paresse ;
Il était ce qui rampe et ce qui se redresse ;
Il était chaste avec les femmes, redoutant
Le démon qu'à travers leur parole on entend,

Mais ces chastetés-là font brûler les Sodomes;
Comme prêtre, il était de cette espèce d'hommes
Qui, si le sénat vote aux pauvres quelque argent,
Disent : « — Non pas! l'état est lui-même indigent! »
Mais qui trouvent utile et juste qu'on obère
Le trésor pour bâtir quelque temple à Tibère.
Caïphe eût aux renards indiqué des sentiers;
C'était un homme sombre, et pourtant volontiers
Il riait à travers l'ombre de sa pensée;
Mais on se sentait pris d'une sueur glacée
Devant cette gaité, couverte d'un cercueil.

Rosmophim de Joppé, prêtre au profond coup d'œil,
Et docteur, l'assistait dans les choses civiles.

III

CELUI QUI EST VENU

Or, il était alors question dans les villes
De quelqu'un d'étonnant, d'un homme radieux
Que les anges suivaient de leurs millions d'yeux.

Cet homme, qu'entourait la rumeur grossissante,
Semblait un dieu faisant sur terre une descente ;
On eût dit un pasteur rassemblant ses troupeaux ;
Les publicains, assis au bureau des impôts,
Se levaient s'il passait, quittant tout pour le suivre ;
Cet homme, paraissant hors de ce monde vivre,
Tandis qu'autour de lui la foule remuait,
Avait des visions dont il restait muet ;
Il entrait aux cités, fuyait aux solitudes,
Et laissait un rayon dans l'œil des multitudes ;
Les paysans, le soir, de sa lueur troublés,
Le regardaient de loin marcher le long des blés,

9.

Et sa main qui s'ouvrait et devenait immense
Semblait jeter aux vents de l'ombre une semence.

On racontait sa vie, et qu'il avait été
Par une vierge au fond d'une étable enfanté
Sous une claire étoile et dans la nuit sereine ;
L'âne et le bœuf, pensifs, l'ignorance et la peine,
Étaient à sa naissance, et sous le firmament
Se penchaient, ayant l'air d'espérer vaguement ;
On contait qu'il avait une raison profonde,
Qu'il était sérieux comme celui qui fonde,
Qu'il montrait l'âme aux sens, le but aux paresseux,
Et qu'il blâmait les grands, les prêtres et tous ceux
Qui marchent entourés d'hommes armés de piques.
Il avait, disait-on, guéri des hydropiques ;
Des impotents, cloués vingt ans sous leurs rideaux,
En le quittant, portaient leur grabat sur leur dos ;
Son œil fixe appelait hors du tombeau les vierges :
Les aveugles, les sourds, — ô destin, tu submerges
Ceux-ci dans le silence et ceux-là dans la nuit ! —
Le voyaient, l'entendaient : et dans son vil réduit
Il touchait le lépreux, isolé sous des claies ;
Ses doigts tenaient les clefs invisibles des plaies,
Et les fermaient ; les cœurs vivaient en le suivant :
Il marchait sur l'eau sombre et menaçait le vent ;
Il avait arraché sept monstres d'une femme :
Le malade incurable et le pécheur infâme
L'imploraient, et leurs mains tremblantes s'élevaient :
Il sortait des vertus de lui qui les sauvaient.

Un homme demeurait dans les sépulcres ; fauve,
Il mordait, comme un loup qui dans les bois se sauve ;
Parfois on l'attachait, mais il brisait ses fers
Et fuyait, le démon le poussant aux déserts.
Ce maître, le baisant, lui dit : Paix à toi, frère !
L'homme, en qui cent damnés semblaient rugir et braire,
Cria : Gloire ! et, soudain, parlant avec bon sens,
Sourit, ce qui remplit de crainte les passants.

Ce prophète honorait les femmes économes ;
Il avait, à Gessé, ressuscité deux hommes
Tués par un bandit appelé Barrabas ;
Il osait, pour guérir, violer les sabbats,
Rendait la vie aux nerfs d'une main desséchée ;
Et cet homme égalait David et Mardochée.

Un jour, ce redresseur, que le peuple louait,
Vit des vendeurs au seuil du temple, et prit un fouet ;
Pareils aux rats hideux que les aigles déterrent,
Tous ces marchands, essaims immondes, redoutèrent
Son visage empourpré des célestes rougeurs ;
Sévère, il renversa les tables des changeurs
Et l'escabeau de ceux qui vendaient des colombes.

Son geste surhumain ouvrait les catacombes.
L'arbre qu'il regardait changeait ses fleurs en fruits.

Un jour que quelques juifs dans la loi sainte instruits
Lui disaient : « — Dans le ciel que le pied divin foule,
Quel sera le plus grand ? » cet homme dans la foule
Prit un petit enfant qu'il mit au milieu d'eux.

Calme, il forçait l'essaim invisible et hideux
Des noirs esprits du mal, rois des ténébreux mondes,
A se précipiter dans les bêtes immondes.
Et ce mage était grand plus qu'Isaïe, et plus
Que tous ces noirs vieillards épars dans les reflux
De la vertigineuse et sombre prophétie ;
Et l'homme du désert, Jean, près de ce messie,
N'était rien qu'un roseau secoué par le vent.

Il n'était pas docteur, mais il était savant ;
Il conversait avec les faces inconnues
Que l'homme endormi voit en rêve dans les nues :
Des lumières venaient lui parler sur les monts :
Il lavait les péchés ainsi que des limons.
Et délivrait l'esprit de la fange charnelle :
Satan fuyait devant l'éclair de sa prunelle :
Ses miracles étaient l'expulsion du mal :
Il calmait l'ouragan, haranguait l'animal.
Et parfois on voyait naître à ses pieds des roses ;
Et sa mère en son cœur gardait toutes ces choses.
Des morts blêmes, depuis quatre jours inhumés,
Se dressaient à sa voix ; et pour les affamés
Les pains multipliés sortaient de ses mains pures.

Voilà ce que contait la foule ; et les murmures,
Les cris du peuple enfant qui réclame un appui,
Environnaient cet homme ; on l'adorait ; et lui
Était doux.

       Les discours qui tombaient de sa bouche
Étaient comme une main céleste qui vous touche.

Il disait :

   « — Les derniers sont les premiers. — La fin,
C'est le commencement. — Ne fais pas au prochain
Ce que tu ne veux pas qu'on te fasse à toi-même.

— On récolte le deuil quand c'est la mort qu'on sème.

— Celui qui se repent est grand deux fois. — L'enfant
Touche à Dieu. — Par le bien, du mal on se défend.

— Que le puits soit profond, mais que l'eau reste claire. »
Il disait :

    « — Regardez les choses sans colère :
Car, si l'œil est mauvais, le corps est ténébreux.

— L'aube est pour les gentils comme pour les hébreux.

— Mangez le fruit des bois, buvez l'eau de la source :
N'ayez pas de souliers, pas de sac, pas de bourse.
Entrez dans les maisons et dites : Paix à tous !

— Nul n'est exempt du pli sublime des genoux ;
Donc, qui que vous soyez, priez. Courbez vos têtes.

— Dieu, présent à la nuit, n'est pas absent des bêtes* :
Dieu vit dans les lions comme dans Daniel.

— Errer étant humain, faillir est véniel.
Absolvez le pécheur en condamnant la faute.

— On ajoute à l'esprit ce qu'à la chair on ôte. »

Il tenait compte en tout des faits accidentels.
Au peuple qui lapide il disait des mots tels
Que nul n'osait toucher à la première pierre.
Il haïssait la haine, il combattait la guerre ;

---

* L'Ecclésiaste dit : « Qui sait si l'âme des bêtes va en bas. »

Il disait : sois mon frère ! à l'esclave qu'on vend ;
Et, tranquille, il passait comme un pardon vivant.

Il blanchissait le siècle autour de lui, de sorte
Que les justes, dont l'âme encor n'était pas morte,
Dans ces temps sans pitié, sans pudeur, sans amour,
Pouvaient voir au réveil luire deux points du jour,
L'aurore dans le ciel et sur terre cet homme.

Cet être était trop pur pour être vu par Rome.
Pourtant parmi les juifs, dans leur temple obscurci,
Chez leur roi lâche et triste, on en prenait souci ;
Et Caïphe y songeait dans sa chaire d'ivoire ;
Et, sans savoir encor ce qu'il en devait croire,
Hérode était allé jusqu'à dire : — Il paraît
Qu'il existe un certain Jésus de Nazareth.

Quelques hommes, de ceux qui ne savent pas lire,
De pauvres pâtres, pris d'on ne sait quel délire
Et du ravissement de l'entendre parler,
Le suivaient, l'aimaient tant qu'il les faisait trembler,
Et le montraient au peuple en disant : C'est le maître.
L'un d'eux, vieillard, semblait près de cet homme naître ;
Et le plus jeune, enfant, avait l'air près de lui
D'un sombre aïeul pensif, gravement ébloui.

Humbles, ils lui tendaient leurs cœurs comme des urnes.
Et ces hommes, pareils à des lampes nocturnes
Adorant un soleil dans une vision,
Étaient devant ce maître en contemplation,
Et l'entouraient, ainsi qu'une auréole d'âmes.

IV

LES TREIZE PORTES DE JÉRUSALEM

Dans les vieux temps, l'archange aux quatre ailes de flammes,
Stellial, dit un jour au noir Zorobabel,
Quand ce maçon, porteur d'une échelle du ciel,
Eut entouré Sion de murailles très fortes :
— Pourquoi donc à la ville as-tu fait treize portes ?—
Et Zorobabel dit : — Ninive aux larges tours
Eut autant de portails que l'année a de jours,
Pour que jamais le temps, qui du ciel même arrive,
Quel qu'il fût, ne restât en dehors de Ninive.
— Eh bien, dit Stellial, l'archange couvert d'yeux,
Le zodiaque ayant douze signes aux cieux,
Douze portes, c'était assez, mage imbécile,
Pour que chacun des mois pût entrer dans la ville.
— Ange, j'ai fait, reprit le maçon magistrat,
Treize portes afin que l'avenir entrât ;

Chaque année on verra par les douze premières
Passer les douze mois, portant douze lumières,
Purs, bénis, et menant par la main la saison;
Par la treizième doit passer la trahison.

V

LA JUDÉE

D'innombrables hameaux répandent leurs fumées
D'Arphac à Borcéos dans les six Idumées ;
La Judée est dorée et verte sous l'azur ;
Elle a des bois, des monts, des lacs ; son air est pur ;
Le vent du sud le trouble et le vent d'est le calme ;
Rome estime ses vins ; comme l'huile de palme,
L'huile d'olive abonde en flots sous son pressoir ;
L'ombre du Sinaï la couvre vers le soir.

La Judée est la terre où de temps en temps passe
Une lueur de Dieu qui se perd dans l'espace.

L'Égypte est, au couchant, cette plaine des blés
Où, dans les noirs tombeaux, dont les puits sont comblés,

Un miroir d'or massif pend au cou des momies
Pour refléter l'essaim des spectres, les lamies,
Les stryges, et la face errante des démons;
Au midi, les chacals, les rats, les ichneumons,
Remplissent le désert; au nord, la mer murmure.

La moisson en Judée est deux fois par an mûre :
Le moindre champ y donne un boisseau de maïs.

Ce qui va se passer dans ce fatal pays
Fait un nuage obscur sur l'avenir, et trouble
Abraham enterré dans la caverne double
Dont on voit l'âpre brèche et le seuil délabré
Au champ d'Éphron, voisin des chênes de Mambré.

VI

LES PAROLES DU DOCTEUR DE LA LOI

★

Deux prêtres, dont la robe est en toile d'ortie,
Veillent, l'un à l'entrée et l'autre à la sortie
Du Temple que jadis Salomon fit bâtir
Par Oliab avec le bois du roi de Tyr.

Sévère, à quelques pas des deux prêtres qui semblent
Faire taire la ville où mille bruits sourds tremblent,
Sadoch, juge et docteur, parle au peuple, devant
Ce seuil terrible où luit l'arche du Dieu vivant.
Il est seul sur sa chaise ; et, qu'on entre ou qu'on sorte
Il ne s'arrête point, et continue ; il porte
Le taled blanc où pend le zizith à cinq nœuds ;
Le dogme sombre emplit son œil vertigineux ;

10.

Des croyants sont auprès du docteur ; les uns lisent
Dans des livres pendant qu'il parle ; d'autres gisent
En travers de la porte, et l'on marche dessus ;
Un plat brille à ses pieds où les dons sont reçus ;
La foule abonde autour du prêtre, et l'environne ;
Vieillard qu'une lueur de science couronne,
Calme et grave, il déploie au-dessus de son front
Ce que les siècles, l'un après l'autre, liront,
Le texte saint, écrit sur le rouleau mystique ;
Il enseigne la foi, le rite, la pratique,
Au peuple remuant les lèvres par moment ;
Et, chaque fois qu'il lève un doigt au firmament,
Tous, éperdus devant l'insondable prière,
Ensemble et frémissants, font trois pas en arrière.

★

Il dit :

— « Voici la loi. Fais silence, Israël.
Peuple, crois au Dieu vrai, distinct, un, personnel,
Seul, unique, incréé, voyant ce que fait l'homme.
Dieu, c'est le créancier qui veut toute la somme,
C'est le jaloux qui veut tout le cœur, c'est la mer
Dont le flot, repoussé par la terre, est amer ;
Dieu, s'il est rejeté par les hommes, se venge.

« Observez le saint jour, Peuple, ou redoutez l'ange
Qui plane sur l'impie et d'un souffle l'abat ;
Le plus pauvre a sa lampe, et, le jour du sabbat,
Peuple, il doit l'allumer, dût-il mendier l'huile ;
Nos pères, ce jour-là, purifiaient la ville ;
Ces hommes qui vivaient à l'ombre du palmier
Étaient saints, et toujours nommaient Dieu le premier ;
Ce respect les faisait vivre six cents années.
Le sabbat est le jour où les ombres damnées
Peuvent se retourner dans le lit de l'enfer.
Sepher tua Phinée, Aod tua Sepher,
Ces meurtres ne sont rien près du dogme qu'on brise
Et du sabbat qu'on met sous ses pieds ; et Moïse
Dans sa tombe, et Jacob, et Job, ont moins d'effroi
Du sang d'un homme, ô juifs, que du sang de la loi.
Le fiel est plus amer que le coing n'est acide :
Or l'impiété, juifs, c'est le fiel. L'homicide,
Pâle, et suivi d'enfants crachant sur ses talons,
Marche à travers la ville avec ses cheveux longs,
La main droite liée au cou par une chaîne ;
Mais l'impie a son spectre en croix dans la géhenne ;
L'homme pèse sur l'un, sur l'autre pèse Dieu.
Ces jours saints, taisez-vous, ne faites pas de feu.
Le salut dans le ciel est sur terre l'exemple ;
Dieu vient à la prière ; il entre dans le temple
Sitôt la porte ouverte et pourvu qu'on soit dix ;
Donc, pratiquez la loi.

              « Tremblez d'être maudits.
L'anathème entre au corps du maudit, qu'il traverse.

Theglath fut roi d'Égypte, Azer fut roi de Perse,
Gad les maudit ; dès lors l'enfer fut dans ces rois
Qui voyaient se mêler une flamme à leur voix.

« Chaque texte est un doigt montrant ce qu'il faut suivre ;
Si vous ne faites pas ce que prescrit le livre,
Vous serez malheureux comme celui qui voit
Dans un songe tomber les poutres de son toit.
Trois collèges nous sont légués par les ancêtres ;
Aaron pour enseigner a délégué Cent prêtres,
Onze pour gouverner, et Dix-Neuf pour juger ;
Le sanhédrin les nomme et seul peut les changer.

« Que la femme soit chaste et muette, et que l'homme
Ait dans un roseau creux tout le deutéronome.
Sinon, nous maudirons vos seuils et votre sang.
L'anathème qu'un saint jette au mal en passant
Est une si fatale et si noire rosée
Qu'un chien ayant été maudit par Élisée.
L'anathème rongea les oreilles du chien.

« Femmes. l'homme est le roi ; tremblez ! et songez bien
A la sombre Lilith, femme née avant Ève ;
Adam la renvoya dans l'ombre et dans le rêve ;
Lilith répudiée est un spectre de nuit.
Lilith était l'orgueil, la querelle et le bruit ;
Satan, voulant saisir l'homme, l'avait créée ;
Elle roule à jamais dans la noire nuée ;

Elle s'appelle Isis dans l'Inde où Satan luit,
Et l'encens de l'Égypte horrible la poursuit.

« La femme file, trait la vache, bat le beurre,
Tourne le sablier quand vient la fin de l'heure,
Gronde l'esclave aux champs et l'enfant dans son jeu,
Veille et travaille ; et l'homme est pensif devant Dieu.

« Au temple, en récitant le verset ordinaire,
Étendez vos deux mains devant le luminaire.
L'ange du jour assiste à vos repas ; mais fuit,
Sitôt que vous riez, devant l'ange de nuit.

« Étudiez la loi sans cesse et qu'on la lise,
Dans le texte que fit Esdras d'après Moïse.
Pour faire un Livre, ô juifs, n'employez pas de lin ;
Cousez avec des nerfs une peau de vélin,
Écrivez-y, tremblants, le verbe inénarrable,
Et roulez le vélin sur deux bâtons d'érable.

« Portez des habits longs conformes à vos rangs ;
Craignez le drap tissu de deux fils différents,
Jéhovah n'est pas deux. Fuyez les hommes ivres.
Ne faites point sécher des herbes dans vos livres ;
L'herbe imprime un démon aux plis du parchemin.
Ne regardez jamais les lignes de la main.
Dans le texte sacré respectez les consonnes.

« Au moment de la mort appelez dix personnes,
Confessez les péchés que vos sens ont subis,
Et que ceux qui sont là déchirent leurs habits;
La mort, même du juste, est une obscure fête.
Mettez aux morts un sac de terre sous la tête :
Tournez sept fois autour de la fosse en priant.

« Redoutez l'occident et craignez l'orient.
Ce sont les deux endroits de Dieu. Le ciel le nomme.
Redoutez-le.

                « La mort, c'est l'ombre. Il n'est pour l'homme
Rien d'éternel après cette vie; il ne peut
Rien retenir de lui quand Dieu brise ce nœud;
Ce qu'on appelle l'âme est un souffle, céleste
Chez les bons, infernal chez les méchants, qui reste
Un moment au-dessus du corps dans le trépas,
Puis pâlit, puis s'éteint, car Dieu seul ne meurt pas.

« Pourtant le châtiment peut saisir ce fantôme
Et le fouetter longtemps sous le ténébreux dôme,
Et lui heurter le front au plafond de la nuit.
Rien de ce qu'on a fait n'est perdu ni détruit :
Tout compte. Justes poids et balances exactes.
Là-haut, le doigt toujours tourné vers tous vos actes.
La prière Bathkol, la Fille de la voix,
Se tient près d'Elohim et lui dit : Seigneur, vois !
— Lisez le Pentateuque à cinq ; l'Exode à quatre.

« Sachez punir, sachez venger, sachez combattre ;
Haïssez les mauvais ! Haïssez, haïssez
Ceux qui doutent, d'audace et d'orgueil hérissés,
L'incrédule, le lâche et le pusillanime,
Ceux pour qui le saint livre ouvert est un abîme,
Ceux qui tremblent devant les célestes degrés
Et sur le bord de Dieu s'arrêtent effarés.
S'ils sont nombreux, s'ils ont de l'or dans leurs mains viles,
S'ils sont un peuple, ayant des moissons et des villes,
Des femmes, des vieillards, des enfants nouveau-nés,
Des vierges, des aïeux, des fils, exterminez !

« Moïse commença par creuser une fosse,
O juifs, pour y coucher la religion fausse ;
Il y jeta des tas de peuples révoltés ;
Il remplit ce tombeau d'hommes et de cités,
Et l'on distingue encor dans cette ombre profonde
D'énormes ossements dont chacun fut un monde ;
Num ravage Amalec, Joram dévaste Ammon ;
Partout où l'on voyait la lueur du démon,
Partout où l'on prenait quelque faux dieu pour règle,
Salomon accourait avec le bruit d'un aigle,
O Peuple ; et c'est du sang que la terre a sué
Derrière Anathias, Saül et Josué ;
Sabaoth bénissait ces grands impitoyables ;
Sobres, purs, ils menaient au combat, dans les sables,
Dans la nuit, sans jamais songer au lendemain,
Des soldats qui buvaient dans le creux de leur main ;
Le Tabernacle a crû dans le sang ; Dieu consacre

Par un carnage Aser, Lévi par un massacre,
Et l'antique lévite est saint par ce seul trait
Qu'il marchait en tuant tous ceux qu'il rencontrait ;
Samson ne laissait pas d'un mur pierre sur pierre ;
Macchabée était plein d'une telle lumière
Que les peuples disaient : Son armure est en or ;
Et Lysias, Seron, Gorgias, Nicanor,
Fuyaient devant cet homme aux cris de guerre étranges,
Que suivaient, à cheval sur les vents, cinq archanges !
Ces héros ont toujours Jéhovah pour effort :
Leur fer ouvre un sillon ; Peuple, ils font de la mort
Sortir la vie, et grâce à leurs lances vermeilles,
Les gueules des lions sont des ruches d'abeilles.

« Ayez autour de vous la crainte, en vous l'effroi ;
C'est la loi. Salomon fut un sublime roi :
Il se plaisait au rire, aux chants, aux grappes mûres ;
Un jour il se pencha sur les choses obscures,
Et, pâle, il reconnut que le commencement
De la sagesse était un profond tremblement.
O Peuple, Jéhovah lugubrement médite
Sur la race d'Adam presque toujours maudite,
Sur le sang de Jacob presque toujours puni.
Et Dieu, c'est le sourcil froncé de l'infini.
Vivez les yeux fixés sur la terreur du gouffre !
Guerre à l'impie ! il faut qu'on punisse, ou qu'on souffre ;
Frappez pour vous sauver. Songez au châtiment ;
Songez à l'océan d'angoisse et de tourment ;
Songez à cet enfer : l'immensité des larmes.
Les ennemis de Dieu pourront avoir des armes,
Ils pourront être fiers et puissants, ils pourront

Pousser des chars, avoir des casques sur le front ;
Qu'est-ce que cela fait si leur âme est de l'ombre ?
Les festins, les palais que la splendeur encombre,
Le bonheur, les plaisirs, le triomphe effronté,
Sont des endroits d'oubli, mais non de sûreté.
Soit, oubliez. Qu'importe au souvenir suprême ?
La vengeance attend, calme, et la colère sème... —

« Vous rirez, vous aurez des songes dans les yeux,
Tout à coup, au plus noir du ciel mystérieux
Que l'homme frémissant verra par échappées,
On entendra le bruit que font deux mains frappées,
L'archange porte-glaive, immense, apparaîtra ;
Alors, sentant sous eux crouler Bel et Mithra,
Les méchants trembleront comme un vaisseau qui sombre,
Et tous reconnaîtront l'inutilité sombre
Des boucliers d'airain et des casques de cuir ;
Ils souhaiteront d'être assez petits pour fuir,
Par le bas d'une porte ou par les trous d'un crible,
La grande épée ayant un flamboiement terrible !
Mais Dieu dira : Trop tard ! Donc, ô vivants, tremblez.
Dieu court dans les maudits comme un feu dans les blés.
Écrasez d'épouvante et de haine l'impie.
Faites lever votre âme aux vices accroupie,
Et récitez, avant que l'archange soit là,
Le sharrith le matin, le soir le néhila.
Vengez Dieu par le glaive et vivez dans la crainte.
Haïr ce que Dieu hait, Peuple, c'est la loi sainte,
La loi d'en haut, connue aux seuls fils de Lévi. »

Un homme, en ce moment, de douze hommes suivi,

Blond, jeune, et regardé fixement par le prêtre,
L'interrompit et dit avec l'accent d'un maître :

— Toute la loi d'en haut est dans un mot : aimer.

— Peuple, cria le prêtre, on vient de blasphémer.

VII

CAÏPHE EN CONTEMPLATION

Les deux guetteurs du temple ont aperçu la lune ;
Le mois commence.

           Aux champs la terre est encor brune ;
Il pleut sur le mont Glon et sur le mont Sion ;
Mais l'hiver va finir. On fait l'ablution
Du temple, dont on brosse et dérouille les chaînes,
Les gonds et les verrous, pour les fêtes prochaines.

Seul près du grand autel derrière le rideau,
Tandis que, se courbant sur des vases pleins d'eau,
Et répandant partout le nard et l'hyacinthe,
Les lévites portiers lavent la triple enceinte
Et s'arrêtent parfois pour baiser les pavés,
Le grand-prêtre se tient debout, les bras levés.

On dirait un fantôme avec son blanc suaire.

L'arche est sur une estrade au fond du sanctuaire ;
Elohim lui laissa l'empreinte de son doigt ;
Un éblouissement l'environne, et l'on voit
Des boîtes de parfum d'aspic sur chaque marche
Du degré qui se perd sous la splendeur de l'arche.

Caïphe est de la chose éternelle occupé.

Un docteur cependant, Rosmophim de Joppé,
A soulevé ce voile et marche vers Caïphe
Qui ne dérange pas son geste de pontife
Et n'ouvre qu'à demi son œil vague et fermé.

Le prêtre dit :

                    — Je viens, je me suis informé,
Hannasci, de celui des douze auquel tu penses.
C'est lui que dans la bande on charge des dépenses
Quand on voyage, il compte avec les hôteliers ;
Les autres semblent fiers de porter leurs colliers,
Lui seul a l'air d'un loup parmi des chiens : sa voie
Est obscure ; à Naïm, une fille de joie
Avait, avec du baume et des parfums, lavé
Les pieds du maître, un peu meurtris par le pavé ;
Cet homme s'emporta contre elle jusqu'à dire :
— Tu viens de perdre là pour vingt deniers de myrrhe !

Et Caïphe répond :

> — C'est l'homme qu'il faudrait.

— Oui, reprend Rosmophim, il est jaloux, secret,
Triste, oblique, inquiet, solitaire, économe.
Prince, tu désirais savoir comme on le nomme.
Je l'ignorais le jour où tu le demandas.
Je le sais aujourd'hui.

> — Quel est son nom ?

> — Judas.

VIII

LA SIBYLLE

La sibylle d'Achlab parle dans sa caverne ;
Elle est seule ; un esprit farouche la gouverne.
La courbe comme un feu sous un vol de démons,
Et de sa bouche obscure et de ses noirs poumons
Fait sortir le hasard des paroles terribles.
Des feuilles, qui plus tard augmenteront les bibles,
S'échappent par moments de son antre, et s'en vont
En vagues flamboiements dans l'espace sans fond.
Elle les suit des yeux, et rit ; puis recommence.
L'immensité s'étant mêlée à sa démence,
Et le souffle infini la traversant toujours.
Elle s'adresse à l'ombre, au gouffre, aux rochers sourds.
Spectre par le regard, par la maigreur squelette,
Elle parle une langue étrange où se reflète
L'avenir, à demi visible sur son front,
Et prononce déjà des mots qui ne seront
Dits par le genre humain que dans trois mille années.

Ses mains sur ses seins nus se croisent décharnées ;
Son œil lugubre songe, ivre d'obscurité ;
Ce spectre balbutie avec autorité ;
On dirait qu'elle fait la lecture éperdue
D'un mystérieux livre ouvert dans l'étendue ;
Parfois elle s'arrête en disant : Je ne puis.

En ce moment, au fond de sa grotte, affreux puits
Plein de l'effarement des visions occultes,
Ce sont les fondateurs de dogmes et de cultes
Et de religions que son regard poursuit.
Il semble qu'elle parle, à travers l'âpre nuit,
A ceux qui cherchent Dieu pour le montrer aux hommes.

.   .   .   .

.   .   .   .

« — Le livre d'en haut dit : — Qui que tu sois, qui sommes
L'Être de s'expliquer et le Sphinx d'être clair ;
Qui que tu sois qui veux saisir l'eau, tenir l'air,
Donner à la nuée une forme, et qui plonges,
Avec ta nasse, bonne à la pêche des songes,
Dans le sinistre abîme où flotte ce mot : Dieu ;
Qui que tu sois, qui viens forcer l'ombre à l'aveu,
Tâter la certitude avec ta main peu sûre,
Au temple sidéral adosser ta masure,

Et désigner à l'Être un texte, un nombre, un lieu ;
Homme, qui que tu sois, qui viens faire du feu
Sous la foudre, allumer ta lampe sous l'étoile,
Et dire à l'univers sans fond : Lève-toi, voile !
Qui que tu sois qui prends l'impossible aux cheveux,
Qui prononces ces mots inutiles : « — Je veux,
« Je sais, je suis, je crois, je sauve, je ranime ; »
Qui que tu sois qui dis à l'Être : « — Allons, abîme,
« Réponds, puisque c'est moi qui t'ai questionné ! — »
Sache que ta folie est sombre, infortuné !

« L'erreur sort du nuage et sans fin se dévide.
Un rite, c'est un geste au hasard dans le vide,
Avortement du chiffre et du mot ! labeur vain
De la voix pour nommer le prodige divin !
Trimourti ! Trinité ! Triade ! Triple Hécate !
Brahmâ, c'est Abraham ; dans Adonis éclate
Adonaï ; Jovis jaillit de Jéhovah ;
Toujours au même mot l'impuissance arriva :
Toujours le morne effort des religions tombe
Dans le même fantôme et dans la même tombe.
Toutes ces questions : — Où ? quand ? pourquoi ? comment
Jusqu'où ? — font le bruit sourd d'un engloutissement.

« Le livre d'en haut dit : — O penseurs, prenez garde !
Il veut qu'on le contemple et non qu'on le regarde.
Courbez-vous. L'adoré doit rester l'inconnu.
Toutes les fois qu'un homme, un esprit, est venu
L'approcher de trop près, et s'est, opiniâtre,
Mis à souffler sur lui comme on souffle sur l'âtre,

Il a frappé. Malheur aux obstinés qui vont
Faire une fouille sombre en cet être profond !
Vous qui vous appelez hier, demain, le sage,
Le savant, le chercheur, la fuite, le passage,
Larves ! y songez-vous d'imposer à celui
Qui vit et qui s'appelle à jamais Aujourd'hui
Vos auscultations, vos calculs, votre étude,
Et la vibration de votre inquiétude !
Il lui déplaît d'avoir vos chiffres hasardeux
Courant partout sur lui, fourmillement hideux.
Ta curiosité l'importune, ô vermine !

« L'Être n'aime pas voir que l'homme l'examine,
Et sentir des esprits fureter dans ses coins.
Sacrilège ! le plus, mesuré par le moins !
La mouche humaine allant heurter aux cieux son aile !
Et l'essaim effleurant l'altitude éternelle ! —

Le livre d'en haut dit : — Lui ! lui ! pas de témoins.
Hommes, ne faites point un pas hors des besoins ;
L'homme est tortue, et l'ombre est votre carapace ;
Ne sortez pas du temps, du nombre et de l'espace ;
Car il se vengera, l'être mystérieux,
Des voix, des bruits, des pas, des lampes et des yeux !
Il est le maître obscur des tortures aiguës,
Des haches, des brasiers, des chanvres, des ciguës.
Il choisira les forts, il prendra dans sa main
Ceux qui sont les cerveaux de tout le genre humain,
Et fatal, les jetant au glaive froid qui tue,
Il décapitera la sagesse têtue.

Pour punir les chercheurs, il n'a qu'à les livrer
A la fureur de ceux qu'ils voudront éclairer.

« O sages, pour gravir les cieux où sont les Tables
Vous hantez les hauts lieux, ces cimes redoutables
Que visite l'horreur et que la bise mord ;
Vous y cherchez le jour, vous y trouvez la mort :
Certains sommets fatals ont d'âpres calvities
Où les hideuses croix, par le meurtre noircies.
Se dressent, attendant les pâles rédempteurs ;
Et vous êtes, hélas ! trahis par les hauteurs.
Caïn, sur cette terre, où le juste est victime.
Traître, a laissé de quoi recommencer son crime :
L'homme abrège, ô penseurs, vos ans déjà si courts !
Pour vous assassiner, justes, l'homme a toujours
Entre les mains assez du premier fratricide.
Plus tard, le genre humain, redevenu lucide.
Veut glorifier ceux que sa rage courbait...
L'un a bu le poison, l'autre pend au gibet !

« Pensez-vous quelquefois à ce que fit l'archange.
L'Être d'en bas ? Il est le méchant. Il s'en venge.
Il prend l'âme, la vie et le jour à revers,
Et de sa chute il fait celle de l'univers.
L'enfer est tout entier dans ce mot : solitude.
Avec tous les remords qui sont l'inquiétude
Et le deuil de la terre. et dont il est l'aïeul.
Dans l'effrayant cachot des nuits. Satan est seul.
Le rocher qui le mure est fait avec du crime :
Les autres condamnés sont dans un autre abîme :

Il peut les torturer, mais il ne peut les voir.
Seul, toujours seul, il est aveugle dans le noir.
En lui, hors de lui, l'ombre. Il regarde, il se hausse,
Il cherche ; il n'a pas même une hydre dans sa fosse ;
Une hydre, ce serait quelqu'un. L'ange damné
Vole et rôde, et, hagard, voudrait n'être pas né.
Si les bêtes voyaient son cloaque, cet antre
Ferait ramper les loups frémissants à plat ventre,
Trembler le tigre, et fuir les hiboux aux yeux ronds.
A chaque mouvement de ses lourds ailerons,
Pendant qu'il plane, il sort du monstre des fumées ;
Elles montent sur terre, et ce sont des armées ;
Elles montent sur terre, et, dans nos régions,
Ce sont des lois, des mœurs et des religions ;
Elles montent sur terre et prennent des figures
De rois, de conquérants, de pontifes, d'augures ;
Et l'on entend le cri des hommes sous le pied
D'un Satan Dieu qui règne et dans la nuit s'assied,
Fantôme ressemblant au spectre des ténèbres ;
Et triomphants, sacrés, grands, illustres, célèbres,
Des vampires, la mitre ou le laurier au front,
Élevant jusqu'au ciel une gloire d'affront,
Disent : Je suis le Dogme, et je me nomme Empire.
Et cent fléaux, fatals, noirs, dont l'homme est le pire,
Se déchaînent ; — Satan en bas plane toujours ; —
Peste, terre qui tremble, eau sur les rochers sourds,
Le typhon sur les flots, le semoun dans les sables...—
O sombres battements des ailes formidables !

« Le livre d'en haut dit : — Donc, pas de curieux.
La nuit est un conseil que le ciel donne aux yeux.

Laissez l'Être exister. Soyez ce que vous êtes.
Regards, soyez l'effroi ; bêtes, soyez les bêtes ;
Beauté, sois le squelette ; homme, sois le néant.
Dieu fait du ténébreux le bourreau du voyant.
Ou, s'il lui plaît, savants, penseurs, ô tourbe infime,
De vous abandonner à votre propre abîme,
Il laissera l'ennui pesant, le moi jaloux,
Le vertige et la peur croître d'eux-même en vous,
Et vos socs effrayés ne creuser que des fosses,
Et se dresser, au fond de vos recherches fausses,
Le chaos des erreurs, des fièvres, des tourments,
Et s'offrir le fer rouge à vos tâtonnements ;
Si bien que de sa loi, de son énigme austère,
De son nom, de son dogme obscur, de son mystère,
Vous ôterez vos mains fumantes en criant :
Nous nous sommes brûlés à cet être effrayant !
Mage, il t'engloutira sous les bouillons de l'urne :
Il remuera sous toi l'âpre échelle nocturne :
Il rendra trouble, avec trop de lumière, l'œil
De la témérité, du rêve et de l'orgueil ;
Il n'aura qu'à montrer, pour vous mettre en démence,
Un de ses attributs dans sa splendeur immense ;
Car le plus aveuglé, c'est le plus ébloui.
Oui, si vous labourez au même champ que lui,
Il emplira de cendre et de mort vos semailles,
De toute la science il crèvera les mailles,
L'infini ne se peut prendre dans un filet.
Il ne souffrira point qu'on sache ce qu'il est.
Il mettra les fléaux, les forces, les tonnerres,
L'ombre, à votre poursuite, ô noirs visionnaires !
Et, s'il regarde, horreur ! tout s'évanouira.
Et les penseurs crieront : grâce ! Il leur suffira.

Pour sentir la pensée en leurs fronts se dissoudre,
D'entrevoir un moment sa prunelle de foudre.

« Le livre d'en haut dit : — Vivez sans regarder.
Passant, ta fonction est de passer. Sonder,
C'est blesser.—Qu'êtes-vous? Qu'es-tu? Ton nom?—Terpandre.
Toi?— Linus. — Toi? — Thalès. — Vous vous appelez Cendre !
Vous vous appelez Brume et Nuit! Disparaissez.
Mourez. Parler est trop, bégayer est assez.
Courbez-vous. Taisez-vous. Le silence est l'hommage.
Quoi! tu veux pénétrer l'impénétrable, ô mage!
Tu viens escalader avec effraction
Le mystère, le jour, la nuit, la vision,
L'infini! Tu commets un attentat nocturne
Sur la virginité du tombeau taciturne!
Tu lèves ce couvercle, ô mage audacieux!
Que fais-tu là, rôdeur des barrières des cieux?
Tu viens, furtif, armé de ta vanité sombre,
Forcer l'éternité! tu viens crocheter l'ombre !
Fourrer ta fausse clef dans la porte de feu,
Et faire une pesée, avec l'orgueil, sous Dieu!
Va-t'en de la lumière, et va-t'en des ténèbres!
Dehors! Va-t'en avec ta strophe ou tes algèbres,
Poète, géomètre, astronome, voleur !

« Ne cherchez pas. Rampez. Tremblez. C'est le meilleur.
Espace, point d'Icare; astres, pas de lunettes.
O vivants, vous serez dans le vrai si vous n'êtes
Que ce que les vivants d'avant vous ont été.
Ne voyez que la grande et calme éternité.

Le bas est immobile et le haut immuable.
En bas est l'ancre; en haut l'obscur anneau du câble.
Est-ce que la nature essaie autour de vous
De changer d'attitude, ô mortels vains et fous?
Qu'est-ce que le tombeau? Le puits des nuits funèbres;
Il a la plénitude auguste des ténèbres;
Il ne demande rien, il ne fait pas de bruit;
Le sépulcre est le vase où Dieu garde la nuit,
Et l'astre est l'urne où Dieu conserve la lumière;
Tous deux sont à jamais ce que la loi première
Les créa, l'un est l'ombre et l'autre est le rayon:
Pourquoi l'homme veut-il changer sa fonction?
Il est souffle, qu'il passe. A quoi bon la pensée?
A quoi bon tant de force obscure dépensée?
A quoi bon Zoroastre ou Moïse? A quoi sert
Ce Jean vêtu de peaux parlant dans le désert?
A quoi bon vos talmuds? N'est-ce pas une honte
De voir s'entre-heurter Tyr contre Sélinonte,
Delphes contre Éleusis, Thèbes contre Sion,
Dans l'immobilité de la création?
C'est l'ennui du voyant d'entendre les querelles
Des superstitions se dévorant entre elles,
Tous ces mages, luttant, affirmant ou niant,
Et tous ces disputeurs de cendre et de néant
Qui font tourbillonner leurs misérables rixes
Entre les tombeaux noirs et les étoiles fixes!

« Un dogme est l'oiseleur, guettant dans la forêt.
Qui, parce qu'il a pris un passereau, croirait
Avoir tous les oiseaux du ciel bleu dans sa cage.
La génuflexion du jonc au marécage

N'est pas plus vaine, au fond du bois vague et jauni,
Que les saluts que fait un homme à l'infini.
Tout ce que vous nommez vérité devient fable
Devant l'inénarrable et devant l'ineffable.
Dieu ! Rêve ! Oui finit par ressembler à Non.
La raison de celui qui prononce ce nom
S'en va, comme le sang quand on ouvre la veine.
Oh ! que le verbe est nul ! que la syllabe est vaine !
Comme le nombre est vite essoufflé quand il faut
Faire l'addition du bas avec le haut,
Et de la profondeur remontant à la cime,
Compter le gouffre après avoir compté l'abîme ! »

.   .   .   .

.   .   .   .

Pendant qu'elle parlait, pleine du sphinx caché,
Sur l'antre ténébreux quelqu'un s'était penché ;
Le soleil éclairait sur le seuil de la cave
Une figure douce, éblouissante et grave ;
Un homme était pieds nus dans l'herbe et les genêts.

— Je ne t'ai jamais vu, mais je te reconnais.
Salut, Nazaréen ! dit la femme hagarde.

Et, montrant du doigt l'ombre, elle ajouta : — Prends garde.

Alors entre la femme et cet homme, tandis

Que l'aube réchauffait les serpents engourdis
Et que les fleurs ouvraient au soleil leurs corolles,
Il se fit un échange auguste de paroles
Que la terre ignora, personne n'écrivant
Ce dialogue sombre emporté par le vent.

LE NAZARÉEN.

O Prophétesse, il faut pourtant sauver les hommes.

LA SIBYLLE.

A quoi bon?

LE NAZARÉEN.

Pour sortir de cette ombre où nous sommes.

LA SIBYLLE.

Restes-y.

LE NAZARÉEN.

C'est la loi de monter vers le jour :
Qu'après l'iniquité la justice ait son tour,
C'est la loi.

LA SIBYLLE.

La justice est sur la terre un rêve.

LE NAZARÉEN.

Les hommes pleins de haine ont à la main le glaive.
O femme, en les aimant on peut les apaiser.
Que dis-tu de l'amour? Parle.

LA SIBYLLE.

Crains le baiser.

II

JÉSUS-CHRIST

I

LA POUTRE

Le brigand Barrabas est en prison. Son heure
Approche, car il faut que le meurtrier meure;
C'est du moins ce que dit le peuple.

                   Hors des murs,
Dans un champ où, pareil au ver dans les fruits mûrs,
Le chacal entre au flanc des charognes farouches,
Plaine où des os épars font bourdonner les mouches,
On entend un bruit sourd de scie et de marteaux.
Un homme dans un bouge équarrit des poteaux;
C'est Psyphax, charpentier de croix. Dehors, un zèbre,
Des poules, du fumier, un coq. Psyphax est guèbre,
Adore le soleil et construit des gibets.

Le faubourg Zem, quartier des marchands au rabais

Et des fripiers vendant les haillons de la ville,
Borne au sud cette plaine âpre, déserte et vile.
Des cordes où parfois on se heurte en rêvant,
Où les laveuses font sécher leur linge au vent,
Flottent à des piquets plantés dans les décombres.
Les petits enfants nus de ces masures sombres
Où la famine habite et d'où la fièvre sort,
Vivent de ramasser dans les champs du bois mort
Qu'ils vont vendre en fagots sur les marches du temple.
Le prophète qui fait des gestes et contemple,
Quelque centurion par l'orgie attardé,
Des joueurs agitant la bassette ou le dé.
Hantent seuls ce lieu triste et cette lande aride.
Au delà des terrains que l'ardent soleil ride
Et que couvre un gazon brûlé, lépreux et court.
On voit les toits confus des maisons du faubourg
Où les femmes le soir médisent sur leurs portes.

Les mendiants hideux pareils à des cloportes
Rôdent aux alentours, tendant leurs pâles mains.
Au lieu de l'essaim d'or errant dans les jasmins,
L'oiseau de proie, affreux, vole aux carcasses mortes.
Près des maisons, les gueux, les nains aux jambes tortes,
Les goitreux, les boiteux, fourmillent en tous sens ;
Et la difformité honteuse des passants,
Et ce faubourg infirme et malade, et ces bouges,
Importunent au loin l'aigle aux paupières rouges
Et les puissants vautours africains dont le bec
Souffle les flamboiements du désert de Balbeck.

Au fond de l'horizon est le Golgotha fauve ;
Mont sans arbre, sans herbe et sans fleurs ; sommet chauve
Et propre à la croissance horrible des gibets ;
Ceux qui cherchent le sens des anciens alphabets
Et qui font du Talmud leur sévère lecture
Tremblent devant ce mont, sachant son aventure ;
Le vaste Adam est là, sous la terre dormant ;
Si bien que le Calvaire est le noir renflement
De ce grand corps gisant sous la morne campagne.
Et qu'un air de cadavre en reste à la montagne.

Le toit de Psyphax, bas et marqué d'un poteau,
Fait une ampoule au centre isolé du plateau.

Le peuple craint le seuil mystérieux des guèbres ;
Ces fous de la lumière ont l'œil plein de ténèbres ;
On les voue aux métiers immondes ; ils les font.
Ils mêlent leur chimère au céleste plafond ;
Ils contemplent la nuit, d'astres profonds semée,
Et l'appellent Saba, ce qui veut dire armée ;
Ils adorent un point du ciel nommé kébla ;
A toute heure de l'ombre et de l'aube, ils sont là
S'offrant, les hommes nus et les femmes sans voiles,
Au dieu soleil, époux des déesses étoiles ;
Ils maudissent la fève et l'ail, craignent le sel
Et l'ambre, et font lever le pain avec du miel.
Ils vont jusqu'en Égypte, affrontant les numides,
Pieds nus, sacrifier des coqs aux pyramides,

Ces trois tombeaux de Seth, d'Enos et de Sabi ;
L'arabe en pâlissant leur ferme son gourbi ;
Ils font un philtre avec des herbes qu'ils écrasent ;
Ils respectent le bœuf et la brebis, se rasent,
Et n'osent pas nommer l'astre à qui leurs élus
Font, de l'aurore au soir, soixante-trois saluts ;
Ils ont pour ville Haran en Mésopotamie ;
Leur tabernacle, autel de trouble et d'infamie,
Au lieu de l'occident regarde le levant ;
Ils adressent, hagards, des questions au vent.
Comptent l'onde, et parmi leurs prophètes on nomme
Loth, roi des philistins, et Numa, roi de Rome :
Dans le mois du Bélier leur tribu danse en rond ;
Ils vénèrent Péor, le faune obscène : ils ont
Sept temples dédiés par Cham aux sept planètes :
Ils sont jongleurs, charmeurs de tigres, proxénètes,
Baigneurs, marchands de sorts, plongeurs de tourbillons ;
Quand ils sèment, ils font deux parts de leurs sillons,
Dont l'une est pour le dieu, l'autre pour les déesses :
Leurs femmes ont parfois des serpents dans leurs tresses ;
Ils reprochent au char la plainte de l'essieu :
Ils regardent, pensifs, les ratures que Dieu
A faites sur le tigre ainsi que sur le zèbre :
C'est parce que tous deux ont ce signe funèbre
Et cette ombre des mots inconnus sur le dos
Que l'un porte la haine et l'autre les fardeaux :
Presque à l'égal du temple ils révèrent l'étable ;
Leur sommeil est étrange, agité, redoutable ;
Le sage est dur pour eux, peut-être par bonté,
Car leur religion donne à l'humanité
Une difformité misérable et terrible ;
Ils ont un livre écrit par Satan, chose horrible ;

Un autre par Adam, un autre par Enos ;
Tous savent lire et sont des songeurs infernaux ;
Ce sont, sous l'azur sombre où les nuages glissent,
Des hommes stupéfaits et fauves, qu'éblouissent
Les immenses couchers du soleil dans les monts,
Et qui mangent du sang ainsi que les démons.

Près d'un champ maigre, où croît plus de ronce que d'orge,
Dans son hangar croulant qu'empourpre un feu de forge,
Psyphax le guèbre est seul ; sans veste, sans bonnet,
Bras nus, la scie aux poings, il travaille ; et l'on est
A la fin du mois Jar, le second de l'année.

Dans cette plaine vaste, obscure, abandonnée,
Deux hommes, vers le soir, marchant dans les fossés,
Se rencontrent, venant de deux points opposés.
Ils se parlent très bas comme s'ils avaient honte.

— Voici l'argent.

       — Combien?

            — Trente.

                — Comptons.

                    On compte ;
Dans l'ombre ; en étouffant, comme en flagrant délit,

Le bruit d'un sac d'argent qu'on vide et qu'on remplit.

— Marché fait.

    — Viendra-t-il pour la pâque?

        — Peut-être.

— Mais au milieu des siens comment le reconnaître?

— Celui qu'on me verra baiser. ce sera lui.

— C'est dit.

    Et souriant. mais non sans quelque ennui.
L'homme qui prend l'argent fait un salut servile.
Met le sac sous sa robe et rentre dans la ville.

Et l'autre attend qu'il ait disparu ; puis. sans bruit.
Regardant si de loin personne ne le suit,
Il s'enfonce à pas sourds dans la plaine funèbre.
Et l'on dirait qu'il va vers la hutte du guèbre.

Psyphax travaille. Il ouvre au milieu des outils
Un vieux livre. et ses yeux y semblent engloutis.
Comme s'ils en puisaient la lueur vénérable :
Puis il reprend la vrille ou l'équerre d'érable.
Et se remet à fendre un bloc informe et noir :
Puis il lit. quoiqu'on lise avec peine le soir.

De sorte que cet homme à la fois semble suivre
Son travail sous l'outil et sa loi dans le livre.
Soudain, au soupirail du toit presque détruit,
Apparaît la première étoile de la nuit ;
Psyphax lève les yeux, l'aperçoit, se redresse,
Ébloui, pâle, et dit à voix basse : O déesse !

Or l'homme qui venait arrive. Il montre un sceau.
Il crache sur le livre ouvert, et dit : — Pourceau,
Je suis du temple. — Il laisse, en l'écartant, paraître
Sous son manteau dans l'ombre une robe de prêtre.
Et le païen se tait, avec ce pli du front
Que donne l'habitude horrible de l'affront ;
Car il a reconnu Rosmophim, un des sages
Qui du Talmud au peuple expliquent les passages,
Docteur et juge, après Caïphe le premier.
Il tremble ; le rayon rend visite au fumier.
Pourquoi ?

          C'est ce docteur Rosmophim qui, naguère,
A, d'après la loi sainte et le texte vulgaire,
Condamné Barrabas, et dit : Deux fois malheur !
Mort ! il est meurtrier ! et honte ! il est voleur !

Rosmophim dit : — Au nom du Sanhédrin ! — L'esclave
S'incline, et Rosmophim reprend d'une voix grave,
Pendant que son regard sur le guèbre tombait :
— As-tu quelque tronc d'arbre à faire un grand gibet ?

Dans une sorte d'antre au fond de la masure

Gisaient de noirs poteaux de diverse mesure ;
Le païen remua ces affreux blocs dormants,
Ainsi qu'un fossoyeur trouble un tas d'ossements ;
Et l'on en voyait fuir des bêtes qu'on ignore ;
Les poutres retombaient sur la terre sonore ;
Soudain l'homme, que l'âtre aidait de sa clarté,
Poussant un dernier bloc, non sans peine écarté,
Montra du doigt au prêtre un madrier difforme,
Ayant le poids du chêne avec les nœuds de l'orme,
Lourd, vaste, et comme empreint de cinq doigts monstrueux ;
On voyait au gros bout, renflement tortueux.
On ne sait quelle tache épouvantable et sombre,
Et l'on eût dit du sang élargi dans de l'ombre.

Rosmophim regarda la poutre, maugréant :
— Serait-ce le bâton de marche d'un géant ?
— Seigneur, c'est en effet cela, dit l'idolâtre.

Et le prêtre jeta trois grains d'encens dans l'âtre
Pour purifier l'air où l'homme avait parlé.

L'homme reprit : — Un champ qui fait mourir le blé,
Qui n'a pas un rameau vivant où l'oiseau dorme,
Égout où du déluge on voit la boue énorme,
Est le lieu sombre où j'ai trouvé ce tronc hideux.
Les hommes d'autrefois ne pouvaient être deux
Sans combattre, et l'un l'autre ils se prenaient pour cible,
Et la marque d'un meurtre est sur cet arbre horrible.
Les géants de la race Enacim, qui d'abord

Ont habité la terre antique, ont fait la mort.
Leur ombre immense couvre encor les races neuves.
Ils écrasaient du pied les éléphants des fleuves
Devant qui la forêt monstrueuse se tait ;
Leur bâton de voyage ou de défense était
Un chêne qu'ils avaient cassé dans la clairière ;
Et nous pourrions bâtir toute une tour de pierre
Avec un des cailloux qu'ils tenaient dans leur poing.

—Oui, dit le docteur, Dieu qui ne s'égare point
En attendant le nombre exagéra la forme ;
Le monde a commencé par la famille énorme ;
Du groupe gigantesque est né le genre humain ;
Le bloc d'hier sera tas de pierres demain ;
Un géant tient d'abord la place d'une foule ;
Puis, comme la nuée en gouttes d'eau s'écroule,
De génération en génération
Il s'amoindrit, pullule, et devient nation ;
Et Dieu fait le colosse avant la fourmilière.

Il reprit : — Ce tronc d'arbre a des traces de lierre.

—Non, c'est la pression du poignet du géant,
Dit l'esclave.

            — Chien vil, dit le docteur songeant,
Je choisis ce poteau. Dans ton ombre mortelle
Fais-en vite une croix grande et haute, mais telle
Qu'un homme cependant puisse encor la traîner.
                                        13.

Laissant derrière lui Psyphax se prosterner,
Le prêtre s'en alla, l'œil plein d'une âpre flamme.
Et le guèbre, tirant du tas la poutre infâme,
La mesurait, la hache au poing, disant tout bas :

— Il paraît qu'on veut faire honneur à Barrabas.

II

LE CANTIQUE DE BETHPHAGÉ

CHŒUR DE FEMMES.

L'ombre des bois d'Aser est toute parfumée.
Quel est celui qui vient par le frais chemin vert?
Est-ce le bien-aimé qu'attend la bien-aimée?
Il est jeune, il est doux. Il monte du désert
Comme de l'encensoir s'élève une fumée.
Est-ce le bien-aimé qu'attend la bien-aimée?

UNE JEUNE FILLE.

J'aime. O vents, chassez l'hiver.
Les plaines sont embaumées.
L'oiseau semble, aux bois d'Aser,
Une âme dans les ramées.

L'amante court vers l'amant;
Il me chante et je le chante.

Oh ! comme on dort mollement
Sous une branche pendante !

Je m'éveille en le chantant ;
En me chantant il s'éveille ;
L'aurore croit qu'elle entend
Deux bourdonnements d'abeille.

L'un vers l'autre nous allons.
Il dit : « O belle des belles,
La rose est sous tes talons,
L'astre frémit dans tes ailes ! »

Je dis : « La terre a cent rois ;
Les jeunes gens sont sans nombre :
Mais c'est lui que j'aime. ô bois !
Il est flamme, et je suis ombre. »

Il reprend : « Viens avec moi
Nous perdre au fond des vallées
Dans l'éblouissant effroi
Des sombres nuits étoilées. »

Et j'ajoute : « Je mourrais
Pour un baiser de sa bouche ;
Vous le savez, ô forêts,
O grand murmure farouche ! »

L'eau coule, le ciel est clair.
Nos chansons, au vent semées,
Se croisent comme dans l'air
Les flèches de deux armées.

CHŒUR DE FEMMES.

L'oiseau semble, aux bois d'Aser,
Une âme dans les ramées.

UN JEUNE HOMME.

Elle dormait, sa tête appuyée à son bras ;
Ne la réveillez pas avant qu'elle le veuille ;
Par les fleurs, par le daim qui tremble sous la feuille,
Par les astres du ciel, ne la réveillez pas !

On ne la croit point femme ; on lui dit : « Quoi ! tu manges,
Tu bois ! c'est à coup sûr quelque sainte liqueur ! »
Tous les parfums ont l'air de sortir de son cœur ;
Elle tient ses pieds joints comme les pieds des anges.

On dirait qu'elle a fait un vase de son corps
Pour ces baumes d'en haut qu'aucun miasme n'altère ;
Elle s'occupe aussi des choses de la terre,
Car la feuille du lys est courbée en dehors.

Le bois des rossignols comme le bois des merles
L'admirent, et ses pas sont pour eux des faveurs :
Sa beauté, qui fascine et luit, rendrait rêveurs
Les rois de l'Inde ayant des coffres pleins de perles.

Quand elle passe, avec des danses et des chants.
Le vieillard qui grondait, sourit : les plus maussades
L'admettent dans leur pré fermé de palissades :
La forme de son ombre est agréable aux champs.

Je pleure par moments, tant elle est douce et frêle !
L'autre jour, un oiseau, pas plus grand que le doigt.
S'est posé, frissonnant, sur le bord de mon toit :
J'ai dit : « Oiseau, soyez béni ! priez pour elle. »

Si je l'épouse, amis, je ne veux plus partir.
Je ne m'en irai pas d'auprès de toi que j'aime.
Je ne m'en irai pas d'auprès de toi, quand même
Salomon m'enverrait vers Hiram, roi de Tyr !

Son cœur, tout en dormant, m'adorait : douce gloire !
Un ange qui venait des cieux, passant par là.
Vit son amour, en prit sa part et s'envola :
Car où la vierge boit la colombe peut boire.

Elle rêvait ainsi qu'Annah rêvant d'Esdras :
O ma beauté, je fus, le jour où vous m'aimâtes.

Ivre comme la biche au mont des aromates ;
Son sein pur soulevait la blancheur de ses draps.

CHŒUR DE FEMMES.

Ne la réveillez pas avant qu'elle le veuille ;
Par les fleurs, par le daim qui tremble sous la feuille,
Par les astres du ciel, ne la réveillez pas !

LA JEUNE FILLE.

Par l'ouverture de ma porte
Mon bien-aimé passa sa main,
Et je me réveillai, de sorte
Que nous nous marions demain.
Mon bien-aimé passa sa main
Par l'ouverture de ma porte.

De la montagne de l'encens
A la colline de la myrrhe,
C'est lui que souhaitent mes sens,
Et c'est lui que mon âme admire
De la colline de la myrrhe
A la montagne de l'encens.

Je ne sais comment le lui dire,
J'ai dépouillé mes vêtements ;

Dites-le-lui, cieux! Il soupire,
Et moi je brûle, ô firmaments!
J'ai dépouillé mes vêtements;
Je ne sais comment le lui dire.

CHŒUR DE FEMMES.

Cieux! c'est lui que son âme admire,
C'est lui que souhaitent ses sens,
De la colline de la myrrhe
A la montagne de l'encens.

LE JEUNE HOMME.

Elle m'enflamme et je l'embrase,
Et je vais l'appelant, le cœur gonflé d'extase.
O nuages, elle est ce que j'aime le mieux.
Comme elle est belle avec son rire d'épousée,
L'œil plein d'un ciel mystérieux,
Et les pieds nus dans la rosée!

Je la parfumerai de nard.
O rêve! elle mettra, dans notre couche étroite,
A mon front sa main gauche, à mon cœur sa main droite.
La nuit mes yeux joyeux font peur au loup hagard.
Je suis comme celui qui trouve une émeraude.
Ma fierté fond sous son regard
Comme la neige sous l'eau chaude.

Son cou se passe de colliers;
L'amour à l'innocence en ses discours se mêle
Comme le ramier vole auprès de sa femelle;
Les séraphins lui font des signes familiers;
Cette vierge, ô David, ô roi rempli de gloire,
     Ressemble à votre tour d'ivoire
     Où pendent mille boucliers.

     Femmes, croyez-vous qu'elle sorte?
Elle reste au logis et tourne son fuseau.
Et je l'appelle... Mais je suis aimé, qu'importe!
Je bondis comme un faon des monts Nabuzesso,
Comme si je planais dans l'air qui me réclame,
     Et comme si j'avais une âme
     Faite avec des plumes d'oiseau.

     Venez voir quelqu'un de superbe!
Venez voir l'amant, fier comme un palmier dans l'herbe,
Beau comme l'aloès en fleur au mois d'élul!
Venez voir l'amoureux qui vaincrait les colosses!
     Venez voir le grand roi Saül
     Avec sa couronne de noces!

CHŒUR DE FEMMES.

Venez voir le grand roi Saül
Avec sa couronne de noces!

LA JEUNE FILLE.

L'amour porte bonheur. Chantez. L'air était doux.
Je le vis, l'herbe en fleur nous venait aux genoux,
        Je riais, et nous nous aimàmes ;
Laissez faire leur nid aux cigognes, laissez
L'amour, qui vient du fond des azurs insensés,
        Entrer dans la chambre des âmes !

Qu'est-ce que des amants ? Ce sont des nouveau-nés.
Mon bien-aimé, venez des monts, des bois, venez !
        Profitez des portes mal closes.
Je voudrais bien savoir comment je m'y prendrais
Pour ne pas adorer son rire jeune et frais.
        Venez, mon lit est plein de roses !

Ma maison est cachée et semble faite exprès ;
Le plafond est en cèdre et l'alcôve en cyprès :
        Oh ! le jour où nous nous parlàmes.
Il était blanc, les nids chantaient, il me semblait
Fils des cygnes qu'on croit lavés avec du lait,
        Et je vis dans le ciel des flammes.

Dans l'obscurité, grand, dans la clarté, divin,
Vous régnez ; votre front brille en ce monde vain
        Comme un bleuet parmi les seigles :
Absent, présent, de loin, de près, vous me tenez :

Venez de l'ombre où sont les lions, et venez
    De la lumière où sont les aigles !

J'ai cherché dans ma chambre et ne l'ai pas trouvé !
Et j'ai toute la nuit couru sur le pavé,
    Et la lune était froide et blême,
Et la ville était noire, et le vent était dur,
Et j'ai dit au soldat sinistre au haut du mur :
    Avez-vous vu celui que j'aime ?

Quand tu rejetteras la perle en ton reflux,
O mer ; quand le printemps dira : « Je ne veux plus
    « Ni de l'ambre, ni du cinname ! »
Quand on verra le mois nisan congédier
La rose, le jasmin, l'iris et l'amandier,
    Je le renverrai de mon âme.

S'il savait à quel point je l'aime, il pâlirait.
Viens ! le lys s'ouvre ainsi qu'un précieux coffret,
    Les agneaux sont dans la prairie.
Le vent passe et me dit : Ton souffle est embaumé !
Mon bien-aimé, mon bien-aimé, mon bien-aimé,
    Toute la montagne est fleurie !

Oh ! quand donc viendra-t-il, mon amour, mon orgueil ?
C'est lui qui me fait gaie ou sombre ; il est mon deuil,
    Il est ma joie ; et je l'adore.

Il est beau. Tour à tour sur sa tête on peut voir
L'étoile du matin et l'étoile du soir,
    Car il est la nuit et l'aurore !

Pourquoi fais-tu languir celle qui t'aime tant?
Viens ! pourquoi perdre une heure? Hélas ! mon cœur attend ;
    Je suis triste comme les tombes ;
Est-ce qu'on met du temps, dis, entre les éclairs
De deux nuages noirs qui roulent dans les airs,
    Et les baisers de deux colombes?

CHŒUR DE FEMMES.

Viens ! pourquoi perdre une heure? On t'appelle, on t'attend.
Pourquoi faire languir celle qui t'aime tant?

III

LE TRIOMPHE

C'est ainsi que chantait, devant le ciel qui brille,
Le jeune homme alternant avec la jeune fille,
Un groupe des enfants du bourg de Bethphagé.
Au delà d'un vallon de brume submergé,
On distinguait des tours, un mur blanc, une porte ;
C'était Jérusalem. L'encens que l'aube apporte,
Les souffles purs, les fleurs s'éveillant dans les bois,
Les rayons, se mêlaient à l'ivresse des voix ;
Et c'était à côté du chemin de la ville.
Hors du village, et près de la borne du mille,
Tout en allant aux champs, ils s'étaient rencontrés ;
L'herbe était verte, et l'aube éblouissait les prés ;
Les hommes avaient dit : Trève au travail austère !
Et, les femmes avaient posé leur cruche à terre,
Et, sereins, ils s'étaient mis à chanter, tandis
Que les oiseaux poussaient des cris du paradis ;

Une aïeule riait au seuil d'une masure ;
Trois laboureurs hâlés, pour marquer la mesure,
Frappaient la terre avec le manche de leur faulx ;
Les vierges au front pur comme un lys sans défauts
Songeaient, et l'œil noyé, la bouche haletante,
Regardaient l'horizon dans une vague attente.

Tout à coup, au moment où les femmes en chœur
Jetaient aux forêts l'hymne enflammé de leur cœur
Que marquait la cadence agreste des faucilles,
Quelqu'un dit : — Écoutez ! paix ! — Et les jeunes filles
S'arrêtèrent, le doigt sur la bouche, entendant
Derrière le coteau brûlé du jour ardent
D'autres voix qui chantaient, douces comme des âmes :

« — Le bien-aimé, celui que vous attendez, femmes,
C'est celui-ci qui passe et que nous amenons.
Le triomphe nous a choisis pour compagnons,
La lumière permet que nous marchions près d'elle,
Et nous menons le maître à son peuple fidèle.
Voici le bien-aimé des âmes ! et celui
Sur qui la grande étoile éblouissante a lui !

« Toutes les majestés forment son diadème ;
Il pourrait foudroyer, il préfère qu'on l'aime ;
Il console Rachel, il relève Sara ;
Il marche entre la paix et la joie ; il sera
Comme un bouquet de myrrhe entre deux seins célestes
Son sceptre anéantit dans les rayons les restes

Du vieux monde féroce où se tord le serpent ;
Son nom divin est comme une huile qu'on répand ;
Au-dessus de sa tête, étonnement des anges,
Le ciel est un murmure immense de louanges ;
Il est plus glorieux qu'Alexandre, et plus beau
Que Salomon qui tient un lys dans son tombeau.

« Il a pour champ la terre, et l'esprit pour domaine ;
Il vient ôter la nuit de dessus l'âme humaine ;
Il fera reculer l'hydre qui triomphait ;
Il transfigurera le monde tout à fait ;
L'abîme le regarde et l'aurore l'approuve ;
Le grondement du tigre et le cri de la louve,
La haine, la fureur soulevant un pavé,
La guerre, se tairont devant son doigt levé.
Dans son immensité Moloch s'écroule et sombre.
Il est sans tache, il est sans borne, il est sans nombre ;
Il produit, en fixant au ciel son œil béni,
La disparition du mal dans l'infini.

« Les chars de Pharaon près de lui sont de l'ombre.
Il est plus radieux que Nemrod n'était sombre ;
Il brille plus qu'Ammon à qui rien ne manquait
Et dont le trône était le centre d'un banquet ;
Il dépasse Cyrus, debout sur son pilastre.
Peuple, toute son âme est une clarté d'astre.
C'est un roi ; plus qu'un roi. C'est lui le conquérant,
C'est lui le pur, c'est lui le vrai, c'est lui le grand !
Gloire à lui ! le soleil le voit, l'ombre l'écoute. »

Alors on aperçut, au tournant de la route.
Un homme qui venait monté sur un ânon.

Cet homme, dont chacun se redisait le nom.
Était le même à qui Sadoch, l'autre semaine,
Avait jeté du haut du temple un cri de haine.

Il avait les cheveux partagés sur le front ;
Des femmes qui riaient et qui dansaient en rond
Le suivaient, et de fleurs elles étaient couvertes,
Et des petits enfants portaient des branches vertes :
Et de partout, des champs. des toits. des bois obscurs.
Et de Jérusalem dont on voyait les murs.
Sortait la foule, gaie, heureuse. pêle-mêle ;
Des mères lui montraient leur fils à la mamelle.
Et les vieillards criaient : hosanna ! Quelques-uns
Soufflaient sur des réchauds où brûlaient des parfums.
Il s'avançait avec le calme du mystère :
Et ces hommes louaient cet homme, et sur la terre
Étendaient leurs habits pour qu'il passât dessus :
Quelques lambeaux de pourpre à la hâte cousus
Faisaient une bannière en avant du cortège ;
Et tous disaient : — Que Dieu le Père le protège !
Voilà celui qui vient pour nous rendre meilleurs ! —

Lui, pensif. regarda Jérusalem, les fleurs.

Le soleil au plus haut des cieux comme une fête,
Ces tapis sous ses pieds, ces rameaux sur sa tête,
Et les femmes chanter, et le peuple accourir,
Et sourit, en disant : Je vais bientôt mourir.

IV

LE DEVOIR

Marie était assise entre Thomas et Jude ;
Et le maître debout disait :

                                        — La solitude
Est un rayon d'en haut qu'on met dans son esprit.
Mais le sauveur va droit au peuple et s'y meurtrit.
Dieu livre le messie aux multitudes viles ;
La palme ne croit pas aux déserts, mais aux villes ;
Malheur à qui se cache et malheur à qui fuit !
Laissons mûrir sur nous la mort ainsi qu'un fruit
Et ne la troublons pas dans sa lente croissance ;
Dieu, quand il juge un homme en sa toute-puissance,
Voit ce qu'il a vécu moins que ce qu'il a fait :
Au soleil de la mort David se réchauffait ;
Ce serait mal aimer un frère que lui dire :
Recule ! quand vers Dieu le sépulcre l'attire ;

Et ce serait haïr et perdre son enfant
Que l'ôter du chemin funeste et triomphant;
Le calice est amer, mais l'exemple est utile.
Et c'est pourquoi je suis venu dans cette ville.

Ainsi parlait le fils, et la mère écoutait.

V

DEUX DIFFÉRENTES MANIÈRES D'AIMER

C'est l'heure où le ramier rentre au nid et se tait.
Une femme se hâte en une rue étroite ;
Elle regarde à gauche, elle regarde à droite,
Et marche. S'il faisait moins sombre au firmament,
On pourrait à ses doigts distinguer vaguement
Le cercle délicat des bagues disparues.
Son pied blanc n'est pas fait pour le pavé des rues :
Elle porte un long voile aux plis égyptiens
Plein de rayons nouveaux et de parfums anciens ;
Jeune et blonde, elle est belle entre toutes les femmes ;
Elle a dans l'œil des pleurs semblables à des flammes ;
C'est Madeleine, sœur de Lazare.

                                Elle court.
Près de son pas céleste un oiseau serait lourd.
Où va-t-elle ?

Il est nuit, et personne ne passe.

Une lumière brille en une maison basse.

Une autre femme, grave, est debout sur le seuil.
Son front est gris ; elle est sévère sans orgueil,
Douce comme un enfant et grande comme un sage.
Elle pleure et médite ; on voit sur son visage
L'âpre acceptation du sacrifice noir ;
On dirait la statue en larmes du devoir ;
Le cœur tremblant s'appuie en elle à l'âme forte ;
C'est la mère.

Elle a l'air de garder cette porte.

Madeleine l'aborde, et presque avec des cris
Lui parle, et s'épouvante, et tord ses bras meurtris.
— Mère, ouvre-moi. Je viens. Il s'agit de sa vie.
Me voici. J'ai couru de peur d'être suivie.
On creuse l'ombre autour de ton fils. Je te dis
Que je sens fourmiller les serpents enhardis.
J'ai connu les démons, du temps que j'étais belle,
Je sais ce que l'enfer met dans une prunelle ;
Je viens de voir passer Judas ; cela suffit.
C'est un calculateur de fraude et de profit ;
C'est un monstre. Ouvre-moi, que j'entre chez le maître.
Le temps presse. Il sera trop tard demain peut-être.
Il faut que ce soir même il fuie, et que jamais

15

Il ne revienne ! ô mère ! et, si tu le permets,
Je vais l'emmener, moi ! Ces prêtres sont infâmes !
Manquer sa mission, ne point sauver les âmes,
Que nous importe, à nous les femmes qui l'aimons !
Il sera mieux avec les tigres dans les monts
Que dans Jérusalem avec les prêtres. Mère,
Qu'il renonce au rachat des hommes, sa chimère.
Qu'il fuie ! oh ! n'est-ce pas ? nous baisons ses talons.
Et qu'il vive, voilà tout ce que nous voulons.
Ces juifs l'égorgeront ! Demande à ma sœur Marthe
Si c'est vrai, s'il n'est pas nécessaire qu'il parte.
Laisse-moi l'arracher à son affreux devoir !
Oh ! te figures-tu cela, mère ? le voir
Saisi, lié, tué peut-être à coups de pierre !
O Dieu ! le voir saigner, lui, ce corps de lumière !
Ouvre-moi. Je sais bien qu'il est dans la maison
Puisque je vois sa lampe à travers la cloison.
O mère, laisse-moi l'implorer pour que vite
Il s'en aille et s'échappe et qu'il prenne la fuite !
A quoi songes-tu donc que tu ne réponds rien ?
Si tu veux, à nous deux nous le sauverons bien !
Veux-tu te joindre à moi pour arracher notre ange
Au gouffre monstrueux de ce devoir étrange,
Aux bourreaux, à Judas, son hideux compagnon ?

La mère en sanglotant lui fait signe que non.

VI

APRÈS LA PAQUE

On était aux grands jours où le temple flamboie,
Où les petits enfants s'éveillent pleins de joie ;
La Pâque était venue. On avait dans les fours
Cuit les pains sans levain qu'on vend aux carrefours.

Or Jésus-Christ était sur la montagne obscure ;
Au lieu même où plus tard fut un temple à Mercure
Bâti par Adrien, détruit par Constantin.

C'était le soir. Jésus avait dit le matin
Aux disciples rangés autour de lui :

                              — Vous, Jacques,
Vous, Pierre, vous, Thomas, voici le jour de Pâques ;

Vous irez dans la ville où des gens passeront ;
Vous trouverez un homme ayant sa cruche au front ;
A l'endroit où cet homme ira, quel qu'il puisse être.
Vous irez à sa suite, et vous direz : — Le Maître
Vient faire ici la Pâque. — Et pour cette raison
Cet homme, quel qu'il soit, donnera sa maison.
Il sied que Dieu toujours nous mène où bon lui semble.
Et nous célébrerons la Pâque tous ensemble. —

Et cela s'était fait ainsi qu'il l'avait dit.

Ce que la Cène vit et ce qu'elle entendit
Est écrit, dans le livre où pas un mot ne change,
Par les quatre hommes purs près de qui l'on voit l'ange.
Le lion, et le bœuf, et l'aigle, et le ciel bleu ;
Cette histoire par eux semble ajoutée à Dieu
Comme s'ils écrivaient en marge de l'abîme ;
Tout leur livre ressemble au rayon d'une cime ;
Chaque page y frémit sous le frisson sacré ;
Et c'est pourquoi la terre a dit : je le lirai !
Les peuples qui n'ont pas ce livre, le mendient,
Et vingt siècles penchés dans l'ombre l'étudient.

Donc c'était le soir même où cet être divin
Venait de partager le gâteau sans levain ;
Christ, assis, lui treizième, au centre de la table.
— Et ce noir chiffre Treize est resté redoutable. —
Avait rompu le pain, versé le vin, disant :
« Mangez, voici ma chair ; buvez, voici mon sang. »

Puis il avait repris : — Suivons Dieu qui nous mène! —
Et tous étaient allés en sortant de la Cène
Au jardin qui fleurit derrière le Cédron.

Ce torrent, que jamais n'a touché l'aviron,
Coulait hors de la ville au pied d'une colline.
Les pâtres y montraient la cave sibylline
De Lilith, femme spectre, amante du démon ;
C'est près de ce coteau que le prêtre Simon
Fit creuser le canal à laver les hosties ;
Des sources y versaient, à travers les orties,
Une eau qui de la ville emplissait les viviers ;
Et ce lieu s'appelait le Mont des Oliviers.

On venait sur ce mont aux époques de jeûnes.

Une plantation d'oliviers alors jeunes
Le couvrait en effet, jetant aux verts sentiers
Une ombre qui faisait durer les églantiers.

Christ y vint, murmurant tout bas : Que Dieu m'assiste !
Et ce qui s'y passa ce soir-là fut si triste,
Si lâche et si fatal qu'aujourd'hui ce jardin
Est voisin de l'enfer comme du ciel l'éden.

Voici ce que Jésus disait sur la montagne :

15.

« — Ce qu'on perd sur la terre au ciel on le regagne.

« Qui regarde en arrière et s'étonne de peu,
Celui-là n'est pas propre au royaume de Dieu.

« Dieu se dévoile assez pour que l'homme le voie.

« Je suis moins grand que lui, mais c'est lui qui m'envoie.
Quand je parle, c'est lui qui dit ce que je dis.

« Si vous vous aimez bien, voilà le paradis.

« Soyez bons. Dieu choisit ceux que je lui désigne.

« Il est le vigneron, et moi je suis la vigne.
Il viendra, comme il fit pour Job et pour Amos,
Une serpe à la main, émonder mes rameaux,
Et, gardant les féconds, coupera les stériles.

« Enseignez tendrement le peuple dans les villes,
Souriez, n'ayez point entre vous de débats.

« Quand vous êtes parmi les tombes, parlez bas :
Car au fond du sépulcre une oreille est ouverte :

Ceux qu'on croit endormis sous la grande herbe verte
Écoutent, et vos voix leur parlent dans les vents,
Et sachez que c'est là la maison des vivants.

« Qui maudit doit trembler. Ne faites rien trop vite.
Esdras, voyant l'enfant d'une femme maudite,
Le prit et le jeta tout vivant dans la mer
Par l'effet surprenant d'un zèle trop amer.
Dieu l'a puni.

            « Marchez dans la route tracée.
Aimez. N'enviez pas à d'autres leur pensée ;
Il faut se contenter des lumières qu'on a ;
L'un est plus sage et l'autre est plus doux ; Dieu donna
Plus de fruit au figuier, plus d'ombre au sycomore.
Croyez. »

            Il ajouta d'autres choses encore ;
Puis soudain il dit, pâle et d'un frisson saisi :

— Allons ! celui qui doit me vendre est près d'ici.

VII

COMMENCEMENT DE L'ANGOISSE

Alors il s'éloigna de près d'un jet de pierre.
Et se mit à genoux, et fit une prière.
Il resta longtemps seul et comme plein d'effroi.

Il disait : — Écartez ce calice de moi,
Seigneur! S'il faut mourir pourtant, que la mort vienne !
Que votre volonté soit faite, et non la mienne. —

Le reste dans le ciel ténébreux se perdit.

Les disciples dormaient. Christ revint, et leur dit :
—Quoi donc ! vous n'avez pu même veiller une heure !

Il reprit : — C'est ainsi qu'il convient que je meure.

Cela doit être, et nul au monde n'y peut rien.
Je suis venu pour être abandonné. C'est bien.
Il faut qu'on me rejette ainsi qu'un misérable.

On distinguait au loin le temple vénérable
Bâti par Salomon sur le mont Moria.

— Pardon pour tous! dit Christ.

                              Mais Pierre s'écria:
— Si quelqu'un vous délaisse et vous quitte, ô mon maître,
Ce ne sera pas moi, car je suis votre prêtre.
Que le tombeau pour vous s'ouvre, j'y descendrai.

Jésus lui répondit, calme, tandis qu'André,
Jude et Thomas tournaient vers lui leurs têtes grises :

— Vous m'aurez renié, vous Pierre, à trois reprises
Que le coq n'aura pas encor chanté trois fois.

VIII

CHRIST VOIT CE QUI ARRIVERA

Il alla de nouveau prier au fond du bois.

Il songeait, et sa voix disait :

> — Mon âme est triste
Jusqu'à la mort ; et l'homme en moi tremble et résiste ;
Je frémis comme Job, je crains comne Judith.

Puis il parla si bas que Dieu seul entendit.

Soudain il s'écria, pâle comme un prophète :

— Deuil, lamentation et douleur sur ta tête,

O Balaath qu'emplit un peuple querelleur !
Malheur, Corozaïm ! Bethsaïde, malheur !
Parce que vous avez dédaigné mes oracles,
Parce que, si j'avais fait les mêmes miracles,
Crié le même appel et le même pardon
Dans Ninive aux cent tours, dans Tyr et dans Sidon,
On aurait vu pleurer Ninive, et Tyr descendre
De son trône, et Sidon vêtir le sac de cendre.
C'est fini. Je vous vois désertes. Vous voilà
Muettes comme un lac dont toute l'eau coula.
Vos jardins ont l'odeur des charniers insalubres.
Tout croule. Vos palais sont devenus lugubres
Sous le passage obscur des châtiments divins ;
Ce sont des pans de mur inutiles et vains ;
Les mâchoires des morts ne sont pas plus terribles.
Malheur ! on ne voit plus le grain sortir des cribles ;
Plus de fille de joie assise sur son lit ;
On n'entend plus cracher les passants ; l'herbe emplit
Les sentiers que suivaient les mulets et les zèbres.
Le plein midi ne fait qu'augmenter vos ténèbres ;
On a beau peindre en blanc le sépulcre, il est noir.
Le soleil est présent à votre désespoir.
Vos décombres sont pleins d'antres épouvantables.
O Moïse, ils ont fait une fêlure aux tables,
Ils ont brisé la loi ; c'est bien, mourez. Assez !
Vous serez si tremblants, peuples, et si chassés
Que vous ferez sous terre une seconde ville.
Comme sous le pressoir on voit déborder l'huile,
Le sang en longs ruisseaux jaillit sous le talon
Des princes écrasant Ruben et Zabulon ;
Issachar et Lévi sont abolis. Partage
Et désert ! comme après la chute de Carthage.

On vend un peuple ainsi qu'une bête au marché.
Malheur, Jérusalem ! ô maison du péché,
Malheur ! tu seras morte entre les cités mortes,
Les rois feront sculpter un pourceau sur tes portes.
Tu seras une ville infâme et sans témoin,
Qu'il sera défendu de regarder de loin.
La femme pleurera d'être grosse ou nourrice.
Qui te verra croira qu'il voit la cicatrice
Des tonnerres au front du monde châtié ;
Et tu seras l'endroit où finit la pitié. —

Quand il eut ainsi fait des reproches aux villes,
Il s'approcha des siens, et dit :

                        —Soyez tranquilles :
Ce n'est pas à présent votre tour, c'est le mien.
Tout est bon si ma mort délivre ; tout est bien
Si dans la vérité l'homme se désaltère.
Or je m'élèverai de dessus cette terre
Et j'attirerai tout à moi du haut du ciel.
Christ finit le combat commencé par Michel.

Son œil devint étrange et semblait voir des choses
Au fond de son esprit confusément écloses.
« — Les trois femmes en deuil dans la tombe entreront
Marchant l'une après l'autre, humbles, courbant le front
A cause du lieu bas et de l'entrée étroite.
Et verront un jeune homme assis dans l'angle à droite
Qui leur dira, serein comme un soleil levant :
—Pourquoi, parmi les morts, cherchez-vous le vivant ?

« La vision d'un être inouï qui se lève
Dans un sépulcre avec la lumière du rêve,
Fera fuir les soldats pleins d'un effroi sacré.

« Trois jours après ma mort je ressusciterai;
Mais quand j'apparaîtrai blanc près de la fontaine,
Vous me verrez ainsi qu'une forme incertaine;
Madeleine croira que c'est le jardinier;
Thomas commencera par douter et nier,
Mais les trous de mes pieds le forceront à croire,
Et quand il aura mis dans ma blessure noire
Son doigt qu'il ôtera tiède et mouillé de sang,
Il s'en ira songer dans l'ombre en frémissant.

« Priez. Ne livrez point ma doctrine aux querelles.
Est-ce que les épis sont pour les sauterelles?
Quand je serai parti, vous répandrez ma loi.
Beaucoup se tromperont, l'erreur naîtra de moi.
L'ombre est noire toujours même tombant des cygnes.

« Quand je ne serai plus, vous verrez de grands signes.
Les ténèbres croîtront sur le front d'Israël;
On entendra parler une voix dans le ciel,
Et tous regarderont l'ombre extraordinaire.
Luc dira : C'est un ange; et Jean : C'est le tonnerre.

« Je porterai les cœurs ainsi que des fardeaux;
Des laboureurs feront des sillons sur mon dos;

16

Ces laboureurs, c'est vous; et votre œuvre est austère.
L'homme n'a rien, ni sac plein d'or, ni coin de terre,
Qu'il puisse regarder ici-bas comme sien.
Allez sans hésiter dire au pharisien :
« Prends garde à cette fange immonde où tu te vautres ! »
Soyez doux. Aimez-vous toujours les uns les autres. — »

En cet instant Jésus tressaillit, se parla
A lui-même, et, fermant les yeux, dit : Le voilà.

Judas parut suivi d'hommes armés d'épées.

IX

JUDAS

Et Judas s'approchant, blême et les mains crispées,
Baisa Christ.

      Et le ciel sacré fut obscurci.

— Mon ami, dit Jésus, que viens-tu faire ici ?

Puis il reprit, tourné vers Dieu :

                —Tu m'abandonnes ;
Mais je ne perds aucun de ceux que tu me donnes.
Seigneur. Ma mort suffit, et seul je la subis.
Le pasteur doit périr en sauvant les brebis.

Et, désignant du doigt ses disciples, le maître

Dit aux soldats :

—Le Christ est facile à connaître.

Je suis celui qu'on cherche et dont on a souci.

Me voici. Prenez-moi. Laissez aller ceux-ci.

Or Simon surnommé Pierre avait une épée.

Il cria :

—Dieu par qui Jézabel fut frappée,

Viens défendre ton Christ, ô Dieu qui châtias

Hérode pour avoir fait mourir Mathias !

Et, levant son épée, il vint droit à la troupe,

Et blessa le premier qui s'offrit dans le groupe.

Un nommé Malchus, aide et garde du bourreau.

— Remettez, dit Jésus, votre épée au fourreau.

Qui frappe avec le glaive est frappé par le glaive.

Il reprit : —Puisqu'on a commencé, qu'on achève. —

Et se mit de lui-même au milieu des soldats.

Il ne regardait rien, pour épargner Judas.

Quelqu'un du temple dit : Marchons ; l'heure s'écoule.

— Vous pouviez me saisir tous les jours dans la foule.

Dit Jésus en offrant aux cordes ses poignets ;
Quand j'allais dans le temple et lorsque j'enseignais,
J'étais sous votre main, vous n'aviez qu'à l'étendre ;
Et c'est par trahison que vous venez me prendre !
Et vous venez la nuit comme pour un voleur !
Je pourrais dire à Dieu : Père, apparaissez-leur !
Et vous entendriez accourir les tempêtes,
Et vous verriez, tremblants, au-dessus de vos têtes,
S'ouvrir et flamboyer l'ombre, et des millions
D'anges, et tout l'abîme avec tous ses lions !
Et si j'ajoutais : Viens toi-même ! vos prunelles
Verraient soudain, parmi les foudres éternelles,
Sortir de la nuée un front prodigieux !
Mais il ne convient pas que j'appelle les cieux ;
Faites ; car c'est ici votre heure, et la puissance
Des ténèbres, et Dieu vous livre l'innocence ;
Et tout doit s'accomplir ainsi qu'il est écrit.

Alors on acheva de lier Jésus-Christ ;
Et le chef dit : — Il faut l'emmener. — Ce qu'ils firent.

Et tous ceux que cet homme avait aimés, s'enfuirent.

X

LILITH-ISIS

O Jean, visionnaire effaré de Pathmos,
Comme tu te cachais derrière les rameaux,
Avec saint Marc, alors jeune et l'un des lévites,
En vous penchant parmi les arbres noirs, vous vîtes,
Sur la colline, un être étrange, vague, seul,
Debout dans le frisson livide d'un linceul :
C'était de l'ombre ayant la forme d'une femme :
Cet être épiait Christ dans cette troupe infâme,
Comme s'il était là pour une mission ;
Or la bande aperçut, en rentrant dans Sion,
Cette femme fixant sur eux dans les ténèbres
Ses deux yeux qui semblaient deux étoiles funèbres ;
Un d'eux, que le Toldos appelle Eddon-Azir,
Courut vers elle, et, comme il allait la saisir,
L'être, pareil aux feux fuyant dans l'ossuaire,
Disparut, lui laissant dans les mains le suaire.

Et plus tard les soldats, contant après l'arrêt
Comment ils avaient pris Jésus de Nazareth,
Dirent qu'ils avaient vu sur la montagne sombre
La fille de Satan, la grande femme d'ombre,
Cette Lilith qu'on nomme Isis au bord du Nil.

XI

JÉSUS CHEZ ANNE

Jésus lié marchait, disant : Ainsi soit-il !

On le mena d'abord chez Anne, ancien grand-prêtre,
Pour qu'il attendît là l'heure de comparaître.
Des servantes, des gueux, des vendeurs de poissons,
Des sacrificateurs vêtus de caleçons,
Le flot des curieux qui passe et qui repasse,
Entouraient Christ assis dans une salle basse :
Il était nuit ; mais Anne, étant levé déjà,
Descendit, vint trouver Christ, et l'interrogea.

Et Christ lui répondit : — Interrogez la foule.
J'ai versé mon esprit comme une eau qui s'écoule.
Prêtre, j'ai deux témoins : l'homme et le firmament.
Parlez-leur. J'enseignais partout publiquement.

Et quant à mon royaume, il n'est pas de la terre.
Je n'ai rien à vous dire et n'ai rien à vous taire.
Qu'est-ce que vous venez demander à présent ? —
Un soldat le frappa de sa verge, en disant :
— Est-ce ainsi qu'on répond à notre ancien grand-prêtre ?
— Si j'ai mal dit, tu peux blâmer, dit le doux maître ;
Mais si j'ai bien parlé, pourquoi me frappes-tu ?

Anne disait, s'étant à la hâte vêtu :
— J'ai froid. — Et tous criaient : — C'est un impie ! Exemple !
Châtiment ! Il a dit qu'il détruirait le temple,
Seigneur, et qu'en trois jours il le rebâtirait. —
— Peuple, le tribunal prononcera l'arrêt,
Dit Anne, et non pas moi ; car je n'en suis plus membre.

Et, leur laissant leur proie, il rentra dans sa chambre.

Alors, ayant bandé les yeux du patient,
Ils l'outragèrent, tous pêle-mêle, et criant :
— Devine qui te frappe ! et prophétise, ô sage !
Dis-nous quel est celui qui te crache au visage !
Fais sécher, si tu peux, le poing qui te meurtrit,
Messie !

Et les valets souffletaient Jésus-Christ.

XII

LES DIX-NEUF

Le jour est loin encor; pas un rayon n'effleure
L'orient froid et noir, mais on devance l'heure.

Les juges, dont l'orgueil est d'aller lentement.
Montent au tribunal d'un air calme et dormant.
Le grand-prêtre en souliers, les prêtres en sandales.
Marchent tous à la file et traversent les dalles.
Chacun d'eux a son nom sur sa chaise gravé.

Le Gabbatha, qu'on nomme aussi le Haut-Pavé.
Est le palais lugubre où le tribunal siège.

Devant la porte, un vase, où sur l'eau flotte un liège.
Semble dire au passant, qui songe avec effroi :
L'eau c'est le peuple, et rien ne submerge la loi.

Le sanhédrin, sous qui la Judée est courbée,
Ébauché par Moïse, accru par Macchabée,
Depuis qu'il a subi l'arrogant examen
Du préteur Gabinus, œil du sénat romain,
Se réfugie, ainsi qu'une orfraie effarée,
Dans une sorte d'ombre inquiète et sacrée;
Jadis le peuple vil qui fourmille au soleil
Parfois apercevait cet austère appareil
Que la loi triste emplit de sa vague colère,
Les tables, les gradins, la chambre circulaire,
Les docteurs dans leur chaire assis sur les hauteurs.
Les scribes dans leur stalle aux genoux des docteurs.
Et l'essaim des enfants aux robes incarnates,
Les lévites, épars à terre sur des nattes.
Maintenant, tout est clos. C'est loin de tous les yeux
Que le Prince s'assied, spectre mystérieux,
Ayant le Père à droite, ayant le Sage à gauche;
C'est dans l'obscurité qu'on laboure et qu'on fauche;
Rome pouvant entendre, on cache les débats;
Le sanhédrin se voile et la loi parle bas.

Donc, depuis Gabinus, ce sénat de prière
Qui s'assemble au lieu dit le Conclave de Pierre*,
Ce tribunal qui fait une haie à la loi,
Qui seul sait le comment et seul dit le pourquoi,
Pour punir le blasphème a commis dix-neuf juges.

---

* En hébreu : Liscat-Hagazit.

Ces dix-neuf, devant qui l'impie est sans refuges,
Comme Dieu sur l'Horeb sont sur le Gabbatha.

La salle est large et haute. Oliab la sculpta.
La nuit ne sort jamais de ce lieu sans fenêtres.
Une lampe suffit au front blême des prêtres.
Dix-neuf chaises de cèdre, au fond du cintre obscur,
Mêlent leur double étage aux ténèbres du mur;
On sent que, là, vertu, crime, innocence et vice,
Tremblent devant cette ombre humaine, la justice.

La poussière des ans, près du plafond, ternit
Un chérubin ouvrant six ailes de granit.

Les taffilins, qu'en grec on nomme phylactères,
Couvrent les murs; à l'or de leurs saints caractères,
Textes brumeux épars sur des plaques de fer,
La lampe par instants arrache un vague éclair.

Les juges, les voici : huit scribes, tête nue ;
Quatre docteurs qu'emplit la science inconnue.
Ceints du taled, l'esprit hors du monde réel;
Et, mêlés aux docteurs, sept anciens d'Israël,
Vêtus de blanc, pensifs sous leurs turbans à mitres.

Sabaoth luit dans l'œil de ces sombres arbitres.

En montant à sa place, ainsi qu'Aaron faisait,
Chaque juge récite à voix haute un verset ;
On dirait que la loi farouche les enivre.

Le sciamas tient les clefs ; le cazan tient le livre.

L'œil fixé sur le texte écrit par David roi,
Les deux prêtres nommés les Époux de la Loi
Lisent, en alternant d'une grave manière,
L'un la première page et l'autre la dernière.

La lampe a quatre becs comme celle d'Endor.

Un degré de sithim étoilé de clous d'or
Exhausse un large trône en ivoire, où préside
Caïphe destiné dans l'ombre au suicide.
Ses souliers sont de pourpre et sa robe est de lin ;
Autour de chaque bras il porte un taffilin
Où l'on peut lire un vers résumant la doctrine ;
Et le rational qu'il a sur la poitrine
Mêle à la majesté de ses riches habits
Tous les noms des tribus gravés sur des rubis ;
Le grand-prêtre est assis, fatal comme un prophète ;
Et l'on voit remuer vaguement sur sa tête,
Comme au vent de la nuit brille et tremble un fanal ;
La tiare, clarté du sombre tribunal.

La rumeur des versets qu'on récite s'apaise ;
Tout se tait ; chaque juge est assis dans sa chaise.

Christ est debout devant ces hommes ténébreux :
Son œil inépuisable en rayons luit sur eux.

XIII

LA CHOSE JUGÉE

L'huissier du temple crie : — Anciens! on délibère.
Gloire au Dieu saint! et gloire à l'empereur Tibère! —

Rosmophim parle. Il dit :

      — L'homme que vous voyez
Rit des lois et des saints par Dieu même envoyés;
Il se croit plus grand qu'eux et se prétend Messie.
Il se dit roi des juifs. Il ment. L'arche est noircie,
O prêtres, par la nuit qui sort de ses discours.
Cet homme doit mourir. Nos pères ont toujours
Fait creuser des tombeaux par la loi violée.

Josaphat crie : — A mort l'homme de Galilée!

— Observons la loi, dit Achias de Mambré.
Il faut que par le prêtre au prince il soit livré,
Et qu'Hérode l'envoie à Pilate. A quoi servent
Des lois que ni le roi ni le juge n'observent?

Joseph de Ramatha dit : — L'homme est innocent.

— L'exil, dit Potiphar.

                     — Non, dit Samech ; du sang !

Et Nicodemus dit : — Il faut d'abord qu'on prouve.

—D'abord, répond Teras, qu'on le tue ! et qu'on trouve,
Demain, puisque cet homme a dit : nous sommes trois,
Deux voleurs pour l'aller compléter sur la croix !

—Qu'il meure, dit Riphar, dans les formes prescrites.

Gamaliel se lève. Il est le chef des rites ;
Et ce maître inflexible a vu le premier vol
Du jeune aigle effrayant qui plus tard sera Paul.
Il parle, l'œil au ciel : — L'indulgence est un leurre.
Juste ou non, attaquant les lois, il faut qu'il meure.

— Non, réplique Joram, j'absous ! Je pense, moi,
Que les arrêts trop durs font mal vivre la loi ;
Il sied qu'à l'accusé le juge compatisse ;
Sur la sévérité des juges la justice
Pleure comme l'enfant sur le pain noir qu'il mord.

— Ce langage est païen, dit Saréas. La mort.

— Mort, dit Elieris : il prêche le ravage.

— Mort ! répète Diras ; il combat l'esclavage.

Et Sabinti s'indigne au nom du sanhédrin ;
Il atteste le vase aux douze bœufs d'airain,
Et crie : — A mort ! qu'il meure ! ou l'arche est abattue !

Simon, qui fut plus tard lépreux, dit : — Qu'on le tue.

Le sénateur Mesa se lève après Simon :
— S'il dit vrai, c'est un dieu ; s'il ment, c'est un démon.
Donc il faut qu'on l'adore ou bien qu'on l'extermine.

— Dieu, dit Ptoloméus, peut avoir sa vermine.

17.

Et Rabam jette un cri dans la rumeur perdu :
— Ne le condamnez pas sans l'avoir entendu !

La sagesse commence et finit au pontife :
Tout arrêt doit venir du grand-prêtre.

                                        Caïphe
Se lève le dernier, la double corne au front ;
Dressant cette tiare où toujours brilleront
Les deux rayons du chef de la terre promise.
Mais pareil à Satan plus encor qu'à Moïse.
Il dit :

    — Mieux vaut la mort d'un homme que la mort
D'un peuple ; et du viol des lois le gibet sort ;
Il faut punir. Sinon, malheur ! Quiconque hésite
Est une âme de nuit que le démon visite ;
Le juge indulgent suit le crime comme un chien :
Celui qui ne sait pas ces choses ne sait rien.

Puis, à demi tourné vers Jésus, il ajoute :

— Ta voix fera peut-être écrouler cette voûte.
Pourtant parle. Est-il vrai que tu te sois vanté
D'être le fils de Dieu saint dans l'éternité ?

Christ répondit : — C'est vous, ô prêtre, qui le dites.

Et, comme on pouvait voir confusément écrites
Des sentences au mur que le temps effaçait,
Calme, il montrait du doigt aux juges ce verset :

« Le sage adore Dieu. Quiconque est esprit, l'aime.
« Le soleil n'est nié dans la sphère suprême
« Ni par l'astre Allioth, ni par l'étoile Algol.
« Quand Dieu luit, refuser de croire, c'est un vol.
« Celui qui nie est fils de celui qui dérobe. »

Caïphe dit : Blasphème ! et déchira sa robe,
Quoique cela lui fût défendu par la loi.

Et pâle, il s'écria :

                    — Paix aux hommes de foi !
Moi, Caïphe, courbé sous le Seigneur, je pense
Qu'on doit au mal la peine, au bien la récompense,
Et qu'il faut éclairer ceux qu'un fourbe a déçus,
Et je condamne à mort l'homme appelé Jésus.

Un prêtre casse en deux une baguette noire.

Caïphe se rassied sur son trône d'ivoire.

On emmène Jésus.

        Les juges restent seuls ;
Leurs robes dans la nuit paraissent des linceuls ;
Tous font silence autour de Caïphe en prière.

XIV

LA FIDÉLITÉ DU MEILLEUR

Une servante vint dans la cour et vit Pierre
Qui se chauffait, ouvrant ses mains devant le feu.

— Vous étiez, lui dit-elle, un des gens de ce Dieu,
De ce Jésus, car c'est le nom dont on le nomme.

Et Pierre répondit : — Femme, quel est cet homme?
Je ne le connais point.

                    Alors le coq chanta.

Cependant les bourreaux, au haut du Golgotha,
Creusaient la terre afin d'y planter la potence.

Dans la cour du grand-prêtre et parmi l'assistance,
Pierre songeait.

               Quelqu'un tout à coup l'appela
Et cria : — Vous suiviez ce nazaréen-là.

Pierre dit : — Je ne sais ce que vous voulez dire.

Une femme, un moment après, se prit à rire,
Disant : — Vous connaissez l'homme qu'on juge ici,
Car vous êtes venu de Galilée aussi.

Alors Pierre jura d'une exécrable sorte :
— Non ! je n'ai jamais vu cet homme !

                      Et sur la porte
Le coq chanta.

           La nuit couvrait les noirs chemins.

Pierre, se souvenant, prit son front dans ses mains
Et se mit à pleurer amèrement dans l'ombre.

XV

L'AUTRE CHAISE D'IVOIRE

Les scribes, les docteurs, les prêtres en grand nombre,
Entourent, précédés d'un lévite crieur,
Dans la cour du prétoire, un porche extérieur
Qui sous son dôme abrite une chaise d'ivoire.

Cette chaise a l'aspect farouche de la gloire;
Et l'on y sent le droit que donne au conquérant
Le peuple qu'on massacre et la ville qu'on prend.
A cette chaise monte un escalier de bronze.

Ils sont tous là, les Cent, les Dix-neuf et les Onze.

Derrière eux, et tombant parfois sur le genou,
Vient Jésus qu'un soldat traîne par un licou

Comme un muletier tire une bête de somme.

L'avertisseur public, un avocat de Rome,
Le vieux Némurion Plancus, grammairien
De la loi, que plus tard fit changer Adrien,
Parle et dit ce qu'il faut qu'on évite ou qu'on suive :

« — Un homme est arrêté par les juifs ; la loi juive
Le condamne ; les juifs peuvent le lapider,
C'est leur droit ; cela dit, qu'ont-ils à demander ?
La lapidation leur paraît trop rapide ;
Ils veulent qu'on le cloue et non qu'on le lapide ;
Ils viennent supplier qu'on mette l'homme en croix.
Or ceci touche Rome, et César, et ses droits.
Doit-on crucifier l'homme ? voilà l'affaire.
D'où vient que pour ce juif le sanhédrin préfère
A leur supplice hébreu le supplice romain ?
Est-il rebelle ? est-il voleur de grand chemin ?
Cela n'est point prouvé par les juifs, c'est leur culte
Qui semble avoir souffert de l'homme quelque insulte ;
Or jamais un dieu juif ne recevra d'affront
Dont César sentira la rougeur à son front.
Un blasphémateur juif est-il un parricide ?
Ce sanhédrin le dit ; que le préteur décide.
Ces peuples, après tout, respectent le tribun :
S'ils tiennent à la mort honteuse de quelqu'un,
César clément leur peut accorder cette grâce. »

Pendant que Plancus parle, un murmure s'amasse

Dans l'auditoire plein de gestes et de voix ;
Tous les prêtres grondants éclatent à la fois :

— Préteur, c'est ton devoir de crucifier l'homme !
Il s'est dit roi des juifs ; il est rebelle à Rome ;
Notre dogme est ici d'accord avec ta loi ;
Car c'est nier César que de s'affirmer roi.

Un licteur sous le porche écoute sans colère.

Derrière le licteur est l'homme consulaire,
Ponce-Pilate, assis, distrait, calme, indolent.

Son pied chaussé de pourpre est sur du marbre blanc ;
Ce marbre, qui l'exhausse au fond de la coupole,
Pour les romains l'honore et pour les juifs l'isole ;
Car nul autre que lui ne touche du talon
Cette dalle que fit placer là Corbulon,
Proconsul en l'an deux du consulat d'Octave.

Pilate, ancien préfet dans le pays batave,
Fut si fidèle au temps de la rébellion
Qu'Auguste lui donna sa villa de Lyon.
Il est procurateur, lieutenant consulaire.
Le port de Tyr lui paie un talent par galère ;
Il possède à Cythère, en Grèce, un revenu
Que lui doivent, le droit de César retenu,

18

Les chercheurs de corail et les pêcheurs d'éponges.
Sa femme Procula sait le secret des songes.
C'est un homme d'esprit prudent, d'âge moyen.
Le peuple juif méprise en tremblant ce païen.
Pilate autour du front porte trois bandelettes
Dont une est écarlate et deux sont violettes ;
Sa laticlave blanche à bandes rouges pend
Sur un nain familier entre ses pieds rampant :
Dans son ombre un greffier écrit sur une table ;
Quand on parle trop haut, le licteur redoutable
Fait un signe, le bruit des voix contrariant
Le préteur assoupi comme un roi d'orient.

Et sculptée au dossier de sa chaise curule,
Pendant que de ces cœurs, où tant de haine brûle,
Sort le gibet infâme entrevu vaguement.
Au-dessus des avis, des voix, du jugement,
Au-dessus de ces tas de scribes et de prêtres,
Sur tous ces noirs complots, sur tous ces regards traîtres,
Sur tous ces vils orgueils, l'âpre louve d'airain
Dresse son bâillement sinistre et souverain.

XVI

ROSMOPHIM

Les fossoyeurs de croix piochent sur le Calvaire.
Le brouillard, ce manteau de deuil du ciel sévère,
Couvre le mont, où, seuls, ces hommes, loin du bruit,
Dans l'ombre, ont travaillé presque toute la nuit.
On entend le Cédron mugir ; ses eaux sont grosses.

Ils s'arrêtent après avoir creusé deux fosses.
Et l'un d'eux, le plus vieux, dit aux autres : — Je crois
Que c'est tout ; nous n'avons d'ordre que pour deux croix,
Pour deux larrons, qu'on doit mettre à mort dans les fêtes,
Dimas et Gestas ; or, les deux fosses sont faites.

Un prêtre, en ce moment, Rosmophim de Joppé,
Qui vient de survenir, d'ombres enveloppé,

Sort de la brume ainsi qu'un tigre sort de l'antre,
Et leur dit :

        — Creusez-en une troisième au centre.

XVII

PIRE QUE JUDAS

Alors Judas sentit le poids des trente écus.
Par le mal qu'ils ont fait les hommes sont vaincus.
Il vint au temple et vit Caïphe sur la porte,
Et, lui montrant le sac, il dit : — Je le rapporte.
J'ai vendu l'innocent ; reprends ton or. Malheur !
Caïphe ! reprends tout. — Je serais un voleur ;
Garde ton sac, va-t'en ! répondit le grand-prêtre.
J'ai l'homme, et toi l'argent. Tout est comme il doit être.
Tu dois être content. — Non, je suis réprouvé !
Dit Judas. Et, jetant l'argent sur le pavé,
Il cria : — Je rends tout. Voilà toute la somme ! —
Et les prêtres riaient du traître.

                              Alors cet homme
S'en alla dans un lieu sinistre, et se pendit.

Où ? dans quel vil ravin ? dans quel recoin maudit ?

Comment l'infortuné subit-il sa sentence ?
De quel arbre effrayant fit-il une potence ?
Est-ce à quelque vieux clou d'un mur qui pourrissait
Qu'il attacha le nœud vengeur ? Nul ne le sait.
Cette corde à jamais flotte dans les ténèbres.

XVIII

LE CHAMP DU POTIER

Oh! des champs sont fatals, des charniers sont célèbres,
Des plaines et des mers sont sanglantes; parfois
Des vallons ont la marque effroyable des rois,
L'odeur des attentats, la rouille des carnages;
Des crimes monstrueux, comme des personnages,
Ont passé dans des bois ou sur des monts, qu'on voit
Avec peur, en mettant sur ses lèvres son doigt;
Ascalon est hideux, Josaphat est austère,
Le lac Asphalte est noir; mais pas un lieu sur terre
Ne t'égale en horreur, funèbre Haceldama!
Les vases qu'un potier de ta fange forma
Tremblent dans la lueur trouble des catacombes
Et blêmissent ainsi que des urnes de tombes;
Sans doute, dans l'endroit implacable et profond,
Ce sont ces vases-là que portent sur le front

Les spectres, quand ils vont puiser de l'ombre au gouffre.
Ton nom semble tragique et fait d'un mot qui souffre.
Haceldama ! ce mot crie ainsi qu'un blessé.

Le sac de Judas fut des prêtres ramassé.

Or ils cherchaient un lieu de sépulture vile
Pour les gentils mourant par hasard dans la ville,
Afin que l'étranger restât toujours dehors,
Et ne fût pas chez lui, même étant chez les morts.
Ils choisirent l'enclos du potier solitaire.

Les trente écus dont fut payé ce coin de terre
Avaient déjà servi pour payer Jésus-Christ.

Et ce lieu depuis lors est nocturne.

                                        Il fleurit,
Il verdoie, et l'aurore en s'éveillant le touche.
Rien ne peut dissiper sa nuit ; il est farouche.
Il appartient au deuil, au silence, au regard
Fixe et terrifiant de l'infini hagard ;
Une chauve-souris éternelle l'effleure ;
Toujours, quel que soit l'astre et quelle que soit l'heure,
L'œil dans ce champ lugubre entrevoit à demi
L'épouvantable argent par Judas revomi ;
On sent là remuer des linceuls invisibles,
Le sang pend goutte à goutte aux brins d'herbe terribles,

Des vols mystérieux de larves font du vent
Sur le front du songeur ténébreux et rêvant,
Et de vagues blancheurs frissonnent dans la brume.
Hélas!

XIX

ECCE HOMO

C'était, le jour de Pâque, une coutume
Fort ancienne, où les juifs et Rome étaient d'accord,
Que le peuple, parmi les condamnés à mort,
Choisît un criminel auquel on faisait grâce.
Près du palais, lieu sombre où la foule s'entasse,
Se pressait, comme autour des ruches les essaims,
Le peuple de la ville et des cantons voisins,
Qu'un licteur contenait du manche de sa hache.

Les paysans, menant par la corde leur vache,
Les femmes apportant au marché leurs paniers,
Devant le seuil, gardé par douze centeniers,
S'arrêtaient, éclairés par l'aurore vermeille.
La rumeur de la fête avait depuis la veille ·
Vers les quatre coteaux de Sion dirigé
Les habitants d'Aser et ceux de Betphagé.

Ceux de Naïm et ceux d'Emath ; et sur la place
Chaque faubourg avait versé sa populace.

On y voyait aller et venir, sans bâton,
Gais, l'œil joyeux, des gens qui jadis, disait-on,
Blêmes, et mendiant aux portes des boutiques,
Étaient aveugles, sourds, boiteux, paralytiques,
Et que l'homme appelé le Christ avait guéris.

C'était la même foule aux tumultueux cris
Qui, naguère, agitant au vent des branches vertes,
Et les âmes au ciel toutes grandes ouvertes,
Battant des mains, chantant des cantiques, courait
Dans les chemins devant Jésus de Nazareth.
Plusieurs l'avaient béni comme un dieu qu'on écoute ;
Et, pour avoir jeté leurs manteaux sur sa route,
Ils avaient de la terre encore à leurs habits.

Deux hastati de Rome, aux casques bien fourbis.
Se promenaient devant la porte du prétoire ;
Et des marchandes d'eau vendaient au peuple à boire,
Et les petits enfants jouaient aux osselets.

Tout à coup apparut sur le seuil du palais
Christ couronné d'épine et vêtu d'écarlate :
Il avait un roseau dans la main ; et Pilate,
Le leur montrant, leur dit : — Voilà l'homme.

                                      Le Christ
Se taisait, l'œil au ciel.

                    Et Pilate reprit :
— C'est aujourd'hui qu'on laisse un misérable vivre.
Peuple, lequel des deux veux-tu que je délivre :
Barrabas, ou Jésus nommé Christ ?

                           — Barrabas !

Cria le peuple.

              Alors, au-dessous de leur pas,
Ils crurent tous entendre on ne sait quel tonnerre
Rouler... C'était quelqu'un qui riait sous la terre.

Ainsi jugeaient les juifs sous l'œil froid des romains.

Ponce Pilate songe et se lave les mains.

XX

LA MARCHE AU SUPPLICE

La première heure allait finir quand de la geôle
Jésus sortit, portant une croix sur l'épaule ;
On avait délié les cordes du poignet ;
Ayant été battu de verges, il saignait ,
On le huait ; la loi frappe, le peuple accable ;
La croix, démesurée, écrasante, implacable,
Dont la cognée à peine avait taillé les nœuds,
Était faite d'un bois féroce et vénéneux
Et qui semblait avoir déjà commis des crimes.

La foule, allant, courant, mangeant les pains azimes,
Chantant, montrait les poings à Christ, des deux côtés
De la route où tremblaient ses pieds ensanglantés ;
Des vierges, reflétant l'aube sur leur visage,
L'insultaient, et battaient des mains sur son passage.

Et riaient des cailloux déchirant ses talons ;
Et Christ marchait voyant des têtes d'enfants blonds
Aux portes des maisons, pour la fête fleuries.

Quelques disciples, fronts baissés, les trois Maries,
Sa mère, le suivaient de loin dans le trajet.

L'œil sinistre de Jean dans le ciel noir plongeait.
Le jour, blême, fuyait. L'attente était profonde.

Quatre anges se tenaient aux quatre coins du monde ;
Ces anges arrêtaient au vol les quatre vents,
Pour qu'aucun vent ne pût souffler sur les vivants,
Ni troubler le sommet des montagnes de marbre,
Ni soulever un flot, ni remuer un arbre.

XXI

TÉNÈBRES

Barrabas stupéfait est libre.

Sous les plis
D'un brouillard monstrueux dont les cieux sont remplis,
La ville est un chaos de maisons et de rues.
Des geôliers tout à l'heure, en paroles bourrues
Racontant l'aventure entre eux confusément,
Ont ouvert son cachot, rompu son ferrement,
Puis ont dit : — Va ! le peuple a fait grâce ! — De sorte
Qu'il ne sait rien, sinon qu'on a poussé la porte,
Que le ciel est tout noir, que nul ne le poursuit,
Et qu'il peut s'envoler dans l'ombre, oiseau de nuit.

Ce choix qui fait mourir Jésus et le fait vivre,
Tout ce récit, lui semble un vin dont il est ivre ;

Il erre dans la ville, il y glisse, il en sort,
Comme parfois on voit marcher quelqu'un qui dort.
Quelle route prend-il? La première venue.
Il avance, il hésite et cherche, et continue,
Et ne sait pas, devant l'obscure immensité ;
Il a derrière lui les murs de la cité,
Mais il ne les voit pas ; son front troublé s'incline ;
Il ne s'aperçoit point qu'il monte une colline ;
Monter, descendre, aller, venir, hier, aujourd'hui,
Qu'importe ! Il rôde, ayant comme un nuage en lui ;
Il erre, il passe avec de là brume éternelle
Et du songe et du gouffre au fond de sa prunelle.
Il se dit par moment : C'est moi qui marche ; oui. —
Tout est si ténébreux qu'il est comme ébloui.

Le chemin qu'au hasard il suit, rampe et s'enfonce
Aux flancs d'un mont où croît à peine quelque ronce.
Et Barrabas, pensif, gravissant le rocher,
Sans voir où vont ses pas laisse ses pieds marcher ;
La vague horreur du lieu plaît à cette âme louve.
Après avoir monté quelque temps, il se trouve
Sur un espace sombre et qui semble un sommet ;
Il s'arrête, puis tend les mains, et se remet
A rôder à travers la profondeur farouche.

Tout en marchant, il heurte un obstacle ; il le touche ;
— Quel est cet arbre ? Où donc suis-je ? dit Barrabas. —
Le long de l'arbre obscur il lève ses deux bras
Si longtemps enchaînés qu'il les dresse avec peine.
— Cet arbre est un poteau, dit-il. Il y promène

Ses doigts par la torture atroce estropiés ;
Et tout à coup, hagard, pâle, il tâte des pieds.
Comme un hibou surpris rentre sous la feuillée,
Il retire sa main ; elle est toute mouillée.
Ces pieds sont froids, un clou les traverse ; et de sang
Et de fange et de fiel tout le bois est glissant.
Barrabas éperdu recule ; son œil s'ouvre,
Épouvanté, dans l'ombre épaisse qui le couvre,
Et, par degrés, un blême et noir linéament
S'ébauche à son regard sous le noir firmament ;
C'est une croix.

              En bas on voit un vase où plonge
Une touffe d'hysope entourant une éponge ;
Et, sur l'affreux poteau, nu, sanglant, les yeux morts,
Le front penché, les bras portant le poids du corps,
Ceint de cordes de chanvre autour des reins nouées,
Le flanc percé, les pieds cloués, les mains clouées,
Meurtri, ployé, pendant, rompu, défiguré,
Un cadavre apparaît, blanc, et comme éclairé
De la lividité sépulcrale du rêve ;
Et cette croix au fond du silence s'élève.

Barrabas, comme un homme en sursaut réveillé,
Tressaillit. C'était bien un gibet, vil, souillé,
Effroyable, fixé par des coins dans le sable.
Il regarda. L'horreur était inexprimable ;
Le ciel était dissous dans une âcre vapeur
Où l'on ne sentait rien, sinon qu'on avait peur ;
Partout la cécité, la stupeur, une fuite
De la vie, éclipsée, effrayée, ou détruite ;

19.

Linceul sur Josaphat, suaire sur Sion ;
L'ombre immense avait l'air d'une accusation ;
Le monde était couvert d'une nuit infamante ;
C'était l'accablement plus noir que la tourmente,
La morne extinction de l'haleine et du bruit.
Pour l'œil de l'âme, avec ces lettres de la nuit
Qui rendent la pensée insondable lisible,
Une main écrivait au fond de l'invisible :
Responsabilité de l'homme devant Dieu.
Le silence, l'espace obscur, l'heure, le lieu,
Le roc, le sang, la croix, les clous, semblaient des juges ;
Et Barrabas, devant cette ombre sans refuges,
Frémit comme devant la face de la loi,
Et, regardant le ciel, lui dit : — Ce n'est pas moi !

Puis, fantôme lui-même en cette nuit stagnante,
Larve tout effarée et toute frissonnante,
Pâle, il se rapprocha lentement du gibet ;
Et, tout en y marchant, craintif, il se courbait.
Plus chancelant qu'un mât sur la vague mouvante.
Fauve, et comme attiré, malgré son épouvante,
Par l'espèce de jour qui sortait de ce mort.
Spectre, il montait, avec une sorte d'effort,
Vers l'autre spectre, vague ainsi qu'un crépuscule :
Et cet homme avançait de l'air dont on recule,
Inquiet, hérissé, comme agité du vent,
Et prêt à fuir après chaque pas en avant.

Jésus mort répandait un rayonnement blême ;
La mort, comme n'osant s'achever elle-même,

Laissait flotter, au trou morne et sanglant des yeux,
Le reste d'un regard tendre et mystérieux.

Son front penché semblait s'éclairer à mesure
Que cet homme approchait d'une marche mal sûre ;
Quand Barrabas fut près, la prunelle brilla ;
Si quelque ange, venu des cieux, eût été là,
Il eût cru voir ramper, dans l'horreur d'une tombe,
Un serpent fasciné par l'œil d'une colombe.

Et le bandit, courbé sous l'épaississement
De la brume croissant de moment en moment,
Contemplait ; et la terre avait l'air orpheline ;
L'ombre songeait.

       Alors, sur cette âpre colline,
Et sous les vastes cieux désolés et ternis,
Comme si le frisson des pensers infinis
Tombait de cette croix ouvrant ses bras funèbres,
On ne sait quel esprit entra dans les ténèbres
De cet homme, et le fit devenir effrayant.
Un feu profond jaillit de son œil foudroyant.
L'âme immense d'Adam, couché sous le Calvaire,
Sembla soudain monter dans ce voleur sévère.

Il éleva la voix tout à coup, du côté
Où les monts s'enfonçaient dans plus d'obscurité,
Cachant Jérusalem sous le brouillard perdue.
Et pendant qu'il parlait, jetant dans l'étendue

L'anathème, les cris, les courroux, les affronts,
Quelque chose qu'on vit plus tard sur d'autres fronts,
Une langue de flamme, au-dessus de sa tête
Brillait et volait, comme en un vent de tempête ;
Et Barrabas debout, transfiguré, tremblant,
Terrible, cria :

             « — Peuple, affreux peuple sanglant,
Qu'as-tu fait ? O Caïn, Dathan, Nemrod, vous autres,
Quel est ce crime-ci qui passe tous les nôtres ?
Voilà donc ce qu'on fait des justes ici-bas !
Populace ! à ses pieds jadis tu te courbas,
Tu courais l'adorer sur les places publiques,
Tu voyais sur son dos deux ailes angéliques,
Il était ton pasteur, ton guide, ton soutien.
Dès qu'un homme paraît pour te faire du bien,
Peuple, et pour t'apporter quelque divin message,
Pour te faire meilleur, plus fort, plus doux, plus sage,
Pour t'ouvrir le ciel sombre, espérance des morts,
Tu le suis d'abord, puis, tout à coup, tu le mords,
Tu le railles, le hais, l'insultes, le dénigres !
O troupeau de moutons d'où sort un tas de tigres !
Quel prix pour tant de saints et sublimes combats !
Celui-ci, c'est Jésus ; ceci, c'est Barrabas.

« L'archange est mort, et moi, l'assassin, je suis libre !
Ils ont mis l'astre avec la fange en équilibre,
Et du côté hideux leur balance a penché.
Quoi ! d'une part le ciel, de l'autre le péché ;
Ici, l'amour, la paix, le pardon, la prière,
La foudre évanouie et dissoute en lumière,

Les malades guéris, les morts ressuscités,
Un être tout couvert de vie et de clartés ;
Là, le tueur, sous qui l'épouvante se creuse,
Tous les vices, le vol, l'ombre, une âme lépreuse,
Un brigand, d'attentats sans nombre hérissé !...

« Oh ! si c'était à moi qu'on se fût adressé,
Si, quand j'avais le cou scellé dans la muraille,
Pilate était venu me trouver sur ma paille,
S'il m'avait dit : « Voyons, on te laisse le choix,
« C'est une fête, il faut mettre quelqu'un en croix,
« Ou Christ de Galilée, ou toi la bête fauve ;
« Réponds, bandit, lequel des deux veux-tu qu'on sauve ? »
J'aurais tendu mes poings et j'aurais dit : Clouez !

« Cieux ! les rois sont bénis, les prêtres sont loués.
Le vêtement de gloire est sur l'âme de cendre ;
Un crime était béant, l'homme vient d'y descendre ;
Un forfait restait vierge, il vient de l'épouser ;
Oh ! Caïn maintenant tue avec un baiser ;
C'est fini, le dragon règne, le mal se fonde ;
On ne chantera plus dans la forêt profonde,
Les hommes n'auront plus d'aurore dans leur cœur,
L'amour est mort, le deuil lamentable est vainqueur,
La dernière lueur s'éteint dans la nature ;
Eux-même ont de leur main fait cette fermeture
De la pierre effroyable et sourde du tombeau !
Puisque le vrai, le pur, le saint, le bon, le beau,
Est là sur ce poteau, tout est dit, rien n'existe,
L'homme est dorénavant abominable et triste,

Cette croix va couvrir d'échafauds les sommets :
Ce monde est de la proie ; il aura désormais
L'obscurité pour loi, pour juge l'ignorance ;
Vaincre sera pour lui la seule différence ;
La mise en liberté des monstres lui convient :
Cette bête, la Nuit scélérate, le tient.

« Le mal ne serait pas s'il n'avait pas une âme.
Cette chaîne d'horreur qui, dans ce monde infâme,
Commencée à César, finit à Barrabas.
Dépasse l'homme et va dans l'ombre encor plus bas ;
Et, comme le serpent s'enfle sous la broussaille.
Je sens un être affreux qui sous terre tressaille.

« Sois content, toi, là-bas, sous nos pieds ! J'aperçois
Au fond de cette brume et devant cette croix
Ton grincement de dents, ce rire des ténèbres.
Et toi, vil monde, ô race humaine, qui célèbres
Les rites de l'enfer sur des autels d'effroi.
Tremble en tes profondeurs ; j'entends autour de toi
La réclamation des gueules de l'abîme.

« Je demande à genoux pardon à ta victime,
Genre humain ! ta noirceur en est là maintenant
Que le gibet saisit l'apôtre rayonnant.
Que sous le poids de l'ombre abjecte l'aube expire,
Et que lui, le meilleur, périt sous moi, le pire !
Oh ! je baise sa croix et ses pieds refroidis.
Et, monstrueusement sauvé par toi, je dis :

Malheur sur toi !

        « Malheur, monde impur, lâche et rude !
Monde où je n'ai de bon que mon ingratitude,
Sois maudit par celui que tu viens d'épargner !
Puisse à jamais ce Christ sur ta tête saigner !
Qu'un déluge d'opprobre et de deuil t'engloutisse,
Homme, plus prompt à choir du haut de la justice
Que l'éclair à tomber du haut du firmament !
Sois maudit dans ces clous, dans ce gibet fumant,
Dans ce fiel ! sois maudit dans ma chaîne brisée !

« Sois damné, monde à qui le sang sert de rosée,
Pour m'avoir délivré, pour l'avoir rejeté,
Monde affreux qui fais grâce avec férocité,
Toi dont l'aveuglement crucifie et lapide,
Toi qui n'hésites pas sur l'abîme, et, stupide,
N'as pas même senti frissonner un cheveu
Dans ce choix formidable entre Satan et Dieu ! »

III

LE CRUCIFIX

★

Depuis ce jour, pareille à celui qui rend compte,
La morne humanité, sur qui pèse la honte
Des justes condamnés et des méchants absous,
Est comme renversée en arrière au-dessous
D'une vision triste, éternelle et terrible.
Un calvaire apparaît dans la nuit horrible
Que tout le genre humain regarde fixement ;
Une lividité de crâne et d'ossement
Couvre ce mont difforme où monte un homme pâle ;
L'homme porte une croix, et l'on entend son râle ;
Ses pieds dans les cailloux saignent ; ses yeux noyés
Pleurent, pleins de crachats qu'on n'a pas essuyés ;
Le sang coule et noircit ses cheveux sur sa tempe ;
Et l'homme, que la croix accable, tombe, rampe,
Se traîne, et sur ses mains retombe, et par moment
Ne peut plus que lever son front lugubrement.

Et l'œil du genre humain frémissant continue
De regarder monter cet homme dans la nue.

Une tourbe le suit; il arrive au plateau;
D'infâmes poings crispés arrachent son manteau;
Cris féroces : Va donc! pas de miséricorde!
Il va, montrant son dos rouge de coups de corde.
Hué par l'aboiement et mordu par les crocs
D'on ne sait quel vil peuple, envieux des bourreaux
Au milieu des affronts il est comme une cible.
On étend l'homme, nu comme un Adam terrible,
Sur le gibet qu'il a traîné dans le chemin;
On enfonce des clous dans ses mains; chaque main
Jette un long flot de sang à celui qui la cloue,
Et le bourreau blasphème en essuyant sa joue;
La foule rit. On cloue, après les mains, les pieds;
Le marteau maladroit meurtrit ses doigts broyés;
On appuie à son front la couronne d'épines;
Puis, entre deux bandits expiant leurs rapines,
On élève la croix en jurant, en frappant,
En secouant le corps qui se disloque et pend;
Le sang le long du bois en ruisseaux vermeils coule;
Et la mère est en bas qui pleure, et cette foule
Rit : — Voyons, Dieu Jésus, descends de cette croix! —
Une éponge de fiel se dresse. — As-tu soif? bois! —
Le peuple horrible a l'air du loup dans le repaire;
Et le grand patient dit : — Pardonnez-leur, Père;
Car ces infortunés ne savent ce qu'ils font.

Et voici que la terre avec le ciel se fond.
Nuit! ô nuit! tout frémit, même le prêtre louche.
Et soudain, à ce cri qui sort de cette bouche ·

— Elohim ! Elohim ! lamma sabacthani ! —
On voit un tremblement au fond de l'infini,
Et comme un blême éclair qui tressaille et qui sombre
Dans l'immobilité formidable de l'ombre.

Et pendant que les cœurs, les mains jointes, les yeux,
Sont éperdus devant ce gibet monstrueux,
Pendant que, sous la brume épouvantable où tremble
Ce crime qui contient tous les crimes ensemble,
Brume où Judas recule, où chancelle la croix,
Où le centurion s'étonne et dit : je crois !
Pendant que, sous le poids de l'action maudite,
Sous Dieu saignant, l'effroi du genre humain médite,
Des voix parlent, les faits sont par l'ombre obscurcis,
La pitié se déchire en lugubres récits.
La tradition, fable errante qu'on recueille,
Entrecoupée ainsi que le vent dans la feuille,
Apparaît, disparaît, revient, s'évanouit;
Et, tournoyant sur l'homme en cette étrange nuit,
La légende sinistre, éparse dans les bouches,
Passe, et dans le ciel noir vole en haillons farouches;
Si bien que cette foule humaine a la stupeur
Du fait toujours présent là-haut dans la vapeur,
Vrai, réel, et pourtant traversé par des rêves.

★

« Comme il montait suant et piqué par les glaives.
Une femme eut pitié, le voyant prêt à choir,
Et l'essuya, posant sur son front un mouchoir ;
Et, quand elle rentra chez elle, cette femme
Vit sur le mouchoir sombre une face de flamme. »

« Comme il continuait de monter, tout en sang.
Il s'arrêta livide, épuisé, fléchissant
Sous la croix exécrée et l'infâme anathème.
Un homme lui cria : — Marche ! — Marche toi-même.
Dit Jésus-Christ. — Et l'homme est errant à jamais. »

« Un des larrons lui dit : — Faux dieux ! tu blasphémais !
Es-tu Dieu ? Sauve-nous et sauve-toi toi-même ! —
L'autre larron cria : — Jésus ! je crois ! je t'aime !
Souviens-toi qu'un mourant s'est à toi confié ! —
Alors, levant les yeux vers ce crucifié.
Jésus agonisant parvint à lui sourire :
— Homme, pour avoir dit ce que tu viens de dire.
O voleur sur la croix misérable expirant.

Tu vas entrer aux cieux, et tu seras plus grand
Qu'un empereur portant la couronne et le globe. »

« Ils se sont partagé le manteau, mais la robe
N'ayant pas de couture, ils l'ont jouée aux dés. »

« De six à neuf, les monts furent d'ombre inondés ;
Toute la terre fut couverte de ténèbres.
Comme si quelque main eût ployé ses vertèbres,
Il baissa tout à coup la tête, et dans ses yeux
Lugubres apparut la profondeur des cieux ;
Et, poussant un grand cri, Jésus expira. L'ombre
Monta, fumée infâme, aux étoiles sans nombre ;
Dans le temple, les bœufs d'airain firent un pas ;
Le voile se fendit en deux du haut en bas.
Hors des murs, il se fit un gouffre où se dressèrent
Tous ces êtres sur qui les rochers se resserrent
Et que la vaste fange inconnue enfouit ;
Et tout devint si noir que tout s'évanouit ;
Les sépulcres, s'ouvrant subitement, restèrent
Béants, montrant leur cave où les taupes déterrent
Les squelettes couchés dans des draps en lambeaux ;
Des morts blêmes, étant sortis de leurs tombeaux,
Furent vus par plusieurs personnes dans la ville. »

★

Ainsi, sur ce troupeau frémissant, immobile,
Lugubre et stupéfait, qu'on nomme Humanité,
Tombent, du fond de l'ombre et de l'éternité,
On ne sait quels lambeaux de chimère et d'histoire
Et de songe, où l'enfer mêle sa lueur noire ;
Et l'homme a peur du ciel qui saigne à l'orient ;
Et l'ouragan est plein de spectres s'écriant :
O nations ! le meurtre éternel se consomme !
Et, parmi tous les mots que peut prononcer l'homme,
Pas un, si frissonnant qu'il fût, ne suffirait
A peindre cette horreur de tombe et de forêt,
Le sourd chuchotement des quatre évangélistes
Et l'agitation des grandes ailes tristes
Qu'en ce gouffre de deuil et de rébellion
Dressent l'aigle, le bœuf, l'archange et le lion.

★

Dix-huit cents ans ont pu s'écouler sans que l'homme,
Autour duquel mouraient Byzance, Athène et Rome
Et passait Charlemagne et montait Mahomet,
Ait quitté du regard cette croix, ce sommet,
Cette blancheur sanglante, et ces lueurs divines
Sous l'entrelacement monstrueux des épines,
Et sans qu'il ait cessé d'entendre un seul moment
L'immense cri jeté dans le noir firmament
Et lisible à jamais sur ce sombre registre,
Et le déchirement du grand voile sinistre,
Et, dans l'obscurité consciente, au-dessus
De ce gibet où pend l'être appelé Jésus,
Au-dessus des songeurs étudiant les bibles,
Le sanglot effrayant des bouches invisibles.

.

.

★

Quand donc pourra-t-on dire : Hommes, le mal n'est plus !
Quand verra-t-on finir le flux et le reflux ?

O nuit ! ce qui sortit de Jésus, c'est Caïphe.

Le tigre, ayant encore de ce sang à sa griffe,
Remonta sur l'autel et dit : Je suis l'agneau.
Christ, ce libérateur, ne brisa qu'un anneau
De la chaîne du mal, du meurtre et de la guerre ;
Lui mort, son dogme, hélas! servit à la refaire;
La tiare s'accrut de son gibet. Jésus,
Dans les cieux au delà du sépulcre aperçus,
S'en alla, comme Abel, comme Job, comme Élie;
Quand il eut disparu, l'œuvre étant accomplie,
En même temps qu'au loin se répandait sa loi :
« — Vivez! aimez! marchez! délivrez! ayez foi! — »
Le serpent relevait son front dans les décombres,
Et l'on vit, ô terreur ! ô deuil ! des prêtres sombres
Aiguiser des poignards à ses préceptes saints
Et de l'assassiné naître des assassins !

Ghisleri, Borgia, Caraffa, Dominique!... —
Faites donc que jamais l'homme ne soit inique,
Et que jamais le prêtre, impie et solennel,
N'emploie à quelque usage infâme l'Éternel !

★

La flagellation du Christ n'est pas finie,
Tout ce qu'il a souffert dans sa lente agonie,
Au mont des Oliviers et dans les carrefours,
Sous la croix, sur la croix, il le souffre toujours.
Après le Golgotha, Jésus, ouvrant son aile,
A beau s'être envolé dans l'aurore éternelle ;
Il a beau resplendir, superbe et gracieux,
Dans la tranquillité sidérale des cieux,
Dans la gloire, parmi les archange solaires,
Au-dessus des douleurs, au-dessus des colères,
Au-dessus du nuage âpre et confus des jours ;
Chaque fois que sur terre, et dans nos temples sourds
Et dans nos vils palais, des docteurs et des scribes
Versent sur l'innocent leurs lâches diatribes,
Chaque fois que celui qui doit enseigner, ment,
Chaque fois que d'un traître il jaillit un serment,
Chaque fois que le juge, après une prière,
Jette au peuple ce mot : Justice ! et, par derrière,
Tend une main hideuse à l'or mystérieux,
Chaque fois que le prêtre, époussetant ses dieux,

Chante au crime hosanna, bat des mains aux désastres,
Et dit : gloire à César ! — là-haut, parmi les astres,
Dans l'azur qu'aucun souffle orageux ne corrompt,
Christ frémissant essuie un crachat sur son front.

— Torquemada, j'entends le bruit de ta cognée.
Tes bras sont nus, ta face est de sueur baignée ;
A quoi travailles-tu seul dans ton noir sentier ? —
Torquemada répond : — Je suis le charpentier.
Et j'ai la hache au poing dans ce monde où nous sommes.
— Qu'est-ce donc que tu fais ? — Un bûcher pour les homm
— Avec quel bois ? — Avec la croix de Jésus-Christ.

★

Après avoir courbé sous la loi qui flétrit
Et sous la loi qui tue, hélas ! cet être auguste,
Après avoir cloué sur le gibet le juste
D'où ruisselle le sang et d'où le pardon sort,
Devant l'obscurité des sentences de mort,
Devant l'affreux pouvoir d'ôter la vie et d'être
Celui qui fait mourir mais qui ne fait pas naître,
Devant le tribunal, devant le cabanon,
Devant le glaive, l'homme a-t-il reculé ? Non.
Sous cette croix que charge une horreur inconnue,
Ce qu'on nomme ici-bas Justice, continue.

Ce spectre aveugle et sourd, dont l'ombre est le manteau,
A peine se souvient d'avoir à ce poteau
Attaché cette immense innocence étoilée.

En présence du bien, du mal, dans la mêlée
Des fautes, des erreurs, où le juste périt,
Pas un juge n'a peur de ce mot : Jésus-Christ !
Le Calvaire n'a point découragé la Grève ;
Montfaucon à côté du Golgotha s'élève ;
Et le Messie a pu mourir sans éclairer.
L'homme n'a pas cessé de se dénaturer
Dans le tragique orgueil de condamner son frère.
L'ouverture hideuse, infâme, téméraire,
Du sépulcre au milieu des lois, c'est là le port ;
Et le noir genre humain s'abrite dans la mort.

Tristes juges ! de quoi leur âme est-elle faite?
Le grand spectre qui porte au-dessus de sa tête
L'écriteau ténébreux et flamboyant : INRI,
Pâle, éploré, sanglant, fouetté, percé, meurtri,
Pend devant eux au bois de la croix douloureuse,
Tandis que chaque mot prononcé par eux creuse
Une fosse dans l'ombre et dresse un échafaud :
—A mort cet homme ! à mort cette femme ! il le faut !
A mort le fils du peuple ! à mort l'enfant du chaume !
—Vous ne voyez donc pas mes clous ! dit le fantôme.

★

Et que de justes morts! Que de bons condamnés!
Que de saints, d'un arrêt infâme couronnés!
O martyre! escalade horrible du supplice!
Le meurtre fier, sacré, public; la loi complice!
Flot du sang innocent! — Si, sur quelque sommet,
L'homme des anciens jours, Jacob, se rendormait,
Il reverrait encore une ascension d'anges,
Pensifs, purs, tout baignés de lumières étranges,
Montant l'un après l'autre, ayant de l'orient
Et de l'immensité sur leur front souriant,
Ceux-ci levant leurs mains, ceux-là dressant leur aile,
Calmes, éblouissants, sereins; et cette échelle,
Sœur de celle que l'ombre à ses yeux dérobait,
Hélas! n'aboutit pas au ciel, mais au gibet.

★

Oh! puisque c'est ainsi que les choses sont faites,
Puisque toujours la terre égorge ses prophètes,
Qu'est-ce qu'on doit penser et croire, ô vastes cieux!
Contre la vérité le prêtre est factieux;
Tous les cultes, soufflant l'enfer de leurs narines,
Mâchent des ossements mêlés à leurs doctrines;
Tous se sont proclamés vrais sous peine de mort;
Pas un autel sur terre, hélas! n'est sans remord.
Les faux dieux ont partout laissé leur cicatrice
A la nature, sainte et suprême matrice;
Partout l'homme est méchant, cœur vil sous un œil fier,
Et mérite la chute immense de l'éclair;
Toute divinité dans ses mains dégénère
En idole, et devient digne aussi du tonnerre.
Qui donc a tort? qui donc a raison? qu'affirmer?
Dieu semble chaque jour plus avant s'abîmer
Dans la profondeur sourde et fatale du vide;
Le Zend est ténébreux; le Talmud est livide;
Nul ne sait ce qu'un temple, et le Dieu qu'on y sent,
Aime mieux voir fumer, de l'encens ou du sang.
Toute église a le meurtre infiltré dans ses dalles;
Les chaires font en bas d'inutiles scandales,

Les foudres font en haut d'inutiles éclats ;
Ce qu'on doit faire avec ce qu'on doit croire, hélas !
Lutte presque toujours et rarement s'accorde.
L'abîme profond s'ouvre ; un dogme est une corde
Qui pend dans l'ombre énorme et se perd dans le puits.

★

Ainsi mourut Jésus ; et les peuples, depuis,
Atterrés, ont senti que l'Inconnu lui-même
Leur était apparu dans cet Homme Suprême,
Et que son évangile était pareil au ciel.
Le Golgotha, funeste et pestilentiel,
Leur semble la tumeur difforme de l'abîme :
Fauve, il se dresse au fond mystérieux du crime :
Et le plus blême éclair du gouffre est sur ce lieu
Où la religion, sinistre, tua Dieu.

HORS DE LA TERRE

III

I

SATAN DANS LA NUIT

I

. . . .
. . . .
. . . .

Je l'aime ! Nuit, cachot sépulcral, mort vivante,
Ombre que mon sanglot ténébreux épouvante,
Solitudes du mal où fuit le grand puni,
Glaciers démesurés de l'hiver infini,
O flots du noir chaos qui m'avez vu proscrire,
Désespoir dont j'entends le lâche éclat de rire,

Vide où s'évanouit l'être, le temps, le lieu,
Gouffres profonds, enfers, abîmes! j'aime Dieu!

Je l'aime. C'est fini.

              Lumière! fiancée
De tout esprit; soleil! feu de notre pensée;
Vie! où donc êtes-vous? Je vous cherche. O tourment!
La création vit dans l'éblouissement;
O regard innocent de l'aube idolâtrée,
Chaleur dont la nature est toute pénétrée !
Les fleuves sont joyeux dans l'herbe; l'horizon
Resplendit; le vent court; des fleurs plein le gazon.
Des oiseaux, des oiseaux, et des oiseaux encore;
Tout cela chante, vit, aime, inondé d'aurore;
Le tigre dit : — Et moi? je veux ma part du ciel ! —
L'aube dore le tigre et l'offre à l'Éternel...

Moi seul, je reste affreux! Hélas ! rien n'est immonde.
Moi seul, je suis la honte et la tache du monde.
Ma laideur, vague effroi des astres soucieux.
Perce à travers ma nuit et va salir les cieux.
Je ne vois rien, étant maudit ; mais dans l'espace
J'entends, j'entends dans l'eau qui fuit, dans l'air qui passe,
J'entends dans l'univers ce murmure : Va-t'en !
Le porc dit au fumier : — Je méprise Satan. —
Je sens la nuit penser que je la déshonore.
Le tourbillonnement du grand souffle sonore,
Le vent du matin, libre et lâché dans le ciel,
Évite mon front morne et pestilentiel.

Jadis, ce jour levant, cette lueur candide,
C'était moi. — Moi ! — J'étais l'archange au front splendide
La prunelle de feu de l'azur rayonnant,
Dorant le ciel, la vie et l'homme. Maintenant
Je suis l'astre hideux qui blanchit l'ossuaire.
Je portais le flambeau, je traîne le suaire.
J'arrive avec la nuit dans ma main ; et, partout
Où je vais, surgissant derrière moi, debout,
L'hydre immense de l'ombre ouvre ses ailes noires.

Les profonds infinis croisent leurs promontoires.
Tout devant moi, vers qui jadis l'amour vola,
Recule et fuit.

       Je fus envieux. Ce fut là
Mon crime. Tout fut dit, et la bouche sublime
Cria : Mauvais ! Et Dieu me cracha dans l'abîme.

Oh ! je l'aime ! c'est là l'horreur, c'est là le feu !
Que vais-je devenir, abîmes ? J'aime Dieu !

Je suis damné !

II

                    L'enfer, c'est l'absence éternelle.
C'est d'aimer. C'est de dire : Hélas ! où donc est-elle,
Ma lumière ? Où donc est ma vie et ma clarté ?
Elle livre aux regards éperdus sa beauté ;
Elle sourit là-haut à d'autres ; d'autres baisent
Ses yeux, et dans son sein s'enivrent et s'apaisent ;
D'autres l'ont. Désespoir.

                              Oh ! quand je fus jeté
Du haut de ta splendeur dans cette cécité,
Après l'écroulement de l'ombre sur ma tête,
Après la chute, nu, précipité du faîte
A jamais, à la tombe inexorable uni,
Quand je me trouvai seul au bas de l'infini,
J'eus un moment si noir que je me mis à rire ;
La vaste obscurité m'emplit de son délire,
Je sentis dans mon cœur, où mourait Dieu détruit,
La plénitude étrange et fauve de la nuit,
Et je criai, joyeux, triomphant, implacable :

« — Guerre à ces firmaments dont la lumière accable !
Guerre à ce ciel où Dieu met tant de faux attraits !
Il a cru m'en chasser, c'est moi qui m'y soustrais.

Il me croit prisonnier, je suis libre. Je plane,
Et le démon c'est l'aigle, et le monde c'est l'âne.
Et je ris. Je suis fier et content. J'ai quitté
Les anges vains, abjects, vils, et toi, la clarté
Qui les corromps, et toi, l'amour qui les subornes!
Quel bonheur que la haine alors qu'elle est sans bornes!
Ce Dieu, ce cœur de Tout, ce père lumineux
Que l'ange, l'astre, l'homme et la bête, ont en eux,
Ce centre autour duquel le troupeau se resserre,
Cet être, seul vivant, seul vrai, seul nécessaire,
Je vais m'en passer, moi le colosse puni!
C'est bien. Comme je vais maudire ce béni,
Et faire contre lui, tandis qu'Adam l'encense,
De la révolte avec mon ancienne puissance
Et de la flamme avec les rayons que j'avais!
Comme je vais rugir sur lui! Comme je vais,
Moi, l'affreux, face à face avec lui le suprême,
Le haïr, l'exécrer et l'abhorrer! »

                                        — Je l'aime!

. . . .
. . . .

DANS L'AIR

———

CHANSON DES OISEAUX

—

Vie! ô bonheur! Bois profonds,
    Nous vivons.
L'essor sans fin nous réclame ;
Planons sur l'air et les eaux !
    Les oiseaux
Sont de la poussière d'âme.

Accourez, planez! volons
    Aux vallons,
A l'antre, à l'arbre. à l'asile!
Perdons-nous dans cette mer
    De l'éther
Où la nuée est une île !

Du fond des rocs et des joncs,
        Des donjons,
Des monts que le jour embrase,
Volons, et, frémissants, fous,
        Plongeons-nous
Dans l'inexprimable extase !

Oiseaux, volez aux clochers,
        Aux rochers,
Au précipice, à la cime,
Aux glaciers, aux lacs, aux prés ;
        Savourez
La liberté de l'abîme !

Vie ! azur ! rayons ! frissons !
        Traversons
La vaste gaîté sereine,
Pendant que sur les vivants,
        Dans les vents,
L'ombre des nuages traîne !

Avril ouvre à deux battants
        Le printemps ;
L'été le suit, et déploie
Sur la terre un beau tapis
        Fait d'épis,
D'herbe, de fleurs, et de joie.

22

Buvons. mangeons ; becquetons
     Les festons
De la ronce et de la vigne ;
Le banquet dans la forêt
     Est tout prêt ;
Chaque branche nous fait signe.

Les pivoines sont en feu ;
     Le ciel bleu
Allume cent fleurs écloses ;
Le printemps est pour nos yeux
     Tout joyeux
Une fournaise de roses.

Tu nous dores aussi tous,
     Feu si doux
Qui du haut des cieux ruisselles :
Les aigles sont dans les airs
     Des éclairs,
Les moineaux des étincelles.

Nous rentrons dans les rayons :
     Nous fuyons
Dans la clarté notre mère ;
L'oiseau sort de la forêt
     Et paraît
S'évanouir en lumière.

Parfois on rampe accablé
    Dans le blé,
Mais juillet a pour ressource
L'ombre, où, loin des chauds sillons,
    Nous mouillons
Nos pieds roses dans la source.

Depuis qu'ils sont sous les cieux,
    Soucieux
Du bonheur de la prairie,
L'herbe et l'arbre chevelu
    Ont voulu
Dans leur tendre rêverie

Qu'à jamais le fruit, le grain,
    L'air serein,
L'amourette, la nichée,
L'aube, la chanson, l'appât,
    Occupât
Notre joie effarouchée.

Vivons! chantons! Tout est pur
    Dans l'azur ;
Tout est beau dans la lumière !
Tout vers son but, jour et nuit,
    Est conduit ;
Sans se tromper, le fleuve erre.

Toute la campagne rit ;
    Un esprit
Palpite sous chaque feuille.
— Aimons ! murmure une voix
    Dans les bois ;
Et la fleur veut qu'on la cueille.

Quand l'iris a diapré
    Tout le pré,
Quand le jour plus tiède augmente,
Quand le soir luit dans l'étang
    Éclatant,
Quand la verdure est charmante.

Que dit l'essaim ébloui ?
    Oui ! oui ! oui !
Les collines, les fontaines,
Les bourgeons verts, les fruits mûrs,
    Les azurs
Pleins de visions lointaines,

Le champ. le lac, le marais,
    L'antre frais,
Composent, sans pleurs ni peine,
Et font monter vers le ciel
    Éternel
L'affirmation sereine.

L'aube et l'éblouissement
          Vont semant
Partout des perles de flamme ;
L'oiseau n'est pas orphelin ;
          Tout est plein
De la mystérieuse âme !

Quelqu'un que l'on ne voit pas
          Est là-bas
Dans la maison qu'on ignore ;
Et cet inconnu bénit
          Notre nid,
Et sa fenêtre est l'aurore.

Et c'est à cause de lui
          Que l'appui
Jamais ne manque à nos ailes,
Et que les colombes vont
          Sur le mont
Boire où boivent les gazelles.

Grâce à ce doux inconnu,
          Adam nu
Nous souriait sous les branches ;
Le cygne sous le bouleau
          A de l'eau
Pour laver ses plumes blanches.

Grâce à lui le piquebois
        Vit sans lois,
Chéri des pins vénérables,
Et délivrant des fourmis
        Ses amis
Les cèdres et les érables.

Grâce à lui, le passereau
        Du sureau
S'envole, et monte au grand orme ;
C'est lui qui fait le buisson
        De façon
Qu'on y chante et qu'on y dorme.

Il nous met tous à l'abri,
        Colibri,
Chardonneret, hochequeue,
Tout l'essaim que l'air ravit
        Et qui vit
Dans la grande lueur bleue.

A cause de lui, les airs
        Et les mers,
Les bois d'aulnes et d'yeuses,
La sauge en fleur, le matin,
        Et le thym,
Sont des fêtes radieuses.

Les blés sont dorés, les cieux
        Spacieux,
L'eau joyeuse et l'herbe douce ;
Mais il se fâche souvent
        Quand le vent
Nous vole nos brins de mousse.

Il dit au vent : — Paix, autan !
        Et va-t'en !
Laisse mes oiseaux tranquilles.
Arrache, si tu le veux,
        Leurs cheveux
De fumée aux sombres villes !

Celui sous qui nous planons
        Sait nos noms.
Nous chantons. Que nous importe?
Notre humble essor ignorant
        Est si grand !
Notre faiblesse est si forte !

La tempête au vol tonnant,
        Déchaînant
Les trombes, les bruits, les grêles,
Fouettant, malgré leurs sanglots,
        Les grands flots,
S'émousse à nos plumes frêles.

Il veut les petits contents.
          Le beau temps,
Et l'innocence sauvée ;
Il abaisse, calme et doux,
          Comme nous,
Ses ailes sur sa couvée.

Grâce à lui, sous le hallier
          Familier
A notre aile coutumière,
Sur les mousses de velours,
          Nos amours
Coulent dans de la lumière.

Il est bon ; et sa bonté
          C'est l'été ;
C'est le charmant sorbier rouge ;
C'est que rien ne vienne à nous
          Dans nos trous
Sans que le feuillage bouge.

Sa bonté, c'est tout ; c'est l'air.
          Le feu clair,
Le bois, où dans la nuit brune.
Ta chanson qui prend son vol.
          Rossignol,
Semble un rêve de la lune.

C'est ce qu'au gré des saisons
    Nous faisons ;
C'est le rocher que l'eau creuse ;
C'est l'oiseau, des vents bercé,
    Composé
D'une inquiétude heureuse.

Il est puissant, étoilé,
    Et voilé.
Le soir, avec les murmures
Des troupeaux qu'on reconduit
    Et le bruit
Des abeilles sous les mûres,

Avec l'ombre sur les toits,
    Sur les bois,
Sur les montagnes prochaines,
C'est sa grandeur qui descend,
    Et qu'on sent
Dans le tremblement des chênes.

Il n'eut qu'à vouloir un jour,
    Et l'amour
Devint l'harmonie immense ;
Tous les êtres étaient là ;
    Il mêla
Sa sagesse à leur démence.

Il voulut que tout fût un ;
    Le parfum
Eut pour sœur l'aurore pure ;
Et les choses, se touchant
    Dans un chant,
Furent la sainte nature.

Il mit sur les flots profonds
    Les typhons ;
Il mit la fleur sur la tige ;
Il apparut fulgurant
    Dans le grand ;
Le petit fut son prodige.

Avec la même beauté
    Sa clarté
Créa l'aimable et l'énorme ;
Il fit sortir l'alcyon
    Du rayon
Qui baise la mer difforme.

L'effrayant devint charmant ;
    L'élément,
Monstre, colosse, fantôme,
Par Lui, qui le veut ainsi,
    Radouci,
Vint s'accoupler à l'atome.

On vit alors dans Ophir
    L'humble asfir
Vert comme l'hydre farouche ;
Le flamboiement de l'Etna
    Rayonna
Sur l'aile de l'oiseau-mouche.

Vie est le mot souverain,
    Et serein,
Sans fin, sans forme, sans nombre,
Tendre, inépuisable, ardent,
    Débordant
De toute la terre sombre.

L'aube se marie au soir ;
    Le bec noir
Au bec flamboyant se mêle ;
L'éclair, mâle affreux, poursuit,
    Dans la nuit
La mer, sa rauque femelle.

Volons, volons et volons !
    Les sillons
Sont rayés, et l'onde est verte.
La vie est là sous nos yeux,
    Dans les cieux,
Claire et toute grande ouverte.

Hirondelle, fais ton nid.
    Le granit
T'offre son ombre et ses lierres ;
Aux palais pour tes amours
    Prends des tours,
Et de la paille aux chaumières.

Le nid que l'oiseau bâtit
    Si petit
Est une chose profonde ;
L'œuf ôté de la forêt
    Manquerait
A l'équilibre du monde.

III

. . . .
. . . .

Si je ne l'aimais point, je ne souffrirais pas.

Laissez-moi remonter, gouffres!... — Non! pas à pas
Je descends, je m'enfonce, à chaque effort je glisse
Plus avant. Le malheur de la nuit, son supplice,
C'est d'adorer le jour et de rester la nuit.
Cet amour est sinistre, et le mal est son fruit.
O ma lumière, où donc es-tu? Satan t'implore.
M'entends-tu, dis? Reviens, aurore, aurore, aurore!

Ne leur dis pas : toujours ; ne me dis pas : jamais !
Je souffre ! — Oh ! tout est noir, je ne vois pas, je hais !

Je hais ! — Oui, je vous hais, tas humain, foule blême.
Parce que vous l'aimez, parce que Dieu vous aime.
Parce que sa clarté brille à travers vos os.
Parce que vous plongez vos urnes aux ruisseaux,
Parce que vous passez vivants dans la nature,
Parce que vous avez, pendant que la torture
Me tenaille et que j'ai mon âme pour vautour,
Dans vos yeux l'espérance et dans vos cœurs l'amour !

Hommes, larves, néants, ombres, faces rapides,
Vous n'êtes pas contents ! O favoris stupides.
Vous vous plaignez d'aller chaque jour vieillissant.
De passer, de sentir refroidir votre sang,
Et vous accusez Dieu ! Quel rêve est donc le vôtre !
J'ai perdu plus que vous, moi ! j'ai, l'un après l'autre,
Vu tomber mes rayons, comme vous vos cheveux !

IV

Ne pouvoir remonter, même quand je le veux !

Quoi ! les morts repentants s'envolent de leurs tombes
Radieux, les hiboux se changent en colombes,
Les démons pardonnés rentrent au firmament ;
Et moi, le spectre noir, je les vois lentement
Blanchir dans la nuit sombre et redevenir anges !
Des astres, fleurs du gouffre, éclosent dans les fanges !
Quoi ! César est parti ! Torquemada s'en va !
Busiris, dans la cave où le tient Jéhovah,
Distingue une lueur et commence à sourire !
Nemrod attend ! je viens d'entendre Judas dire,
Dans la geôle où, son crime et moi, nous le lions :
— Je n'ai plus maintenant que quatre millions
De siècles à rester à la chaîne dans l'ombre. —
Que Judas est heureux ! il peut compter un nombre.
Pour tous, pour tous, pour tous, le jour reparaîtra.
Caïn, le vieux Caïn, lui-même sortira !
Moi seul, je resterai dans les déserts funèbres.
Horreur sans fond ! je suis l'éternel des ténèbres.
Je suis le misérable à perpétuité.

V

Mais je me vengerai sur son humanité,
Sur l'homme qu'il créa, sur Adam et sur Ève,
Sur l'âme qui sourit, sur le jour qui se lève,
Sur toi, l'astre ! sur toi, l'aile ! sur toi, la fleur !
Sur la vierge et la mère, et sur l'enfant ! Malheur !

Je défigurerai la face universelle.
Serpent, je secouerai dans l'ombre ma crécelle.
J'inventerai des dieux, Moloch, Vishnou, Baal.
Je prendrai le réel pour briser l'idéal.
Les pierres des édens pour bâtir les sodomes.
A travers les rameaux de la forêt des hommes
On verra mes yeux luire, et l'on dira : C'est lui.
Plus effaré du mal que du bien ébloui.
Le sage doutera de Dieu. Je mordrai l'âme.
J'enlaidirai l'amour dans le cœur de la femme.
Je mêlerai ma cendre à ces charbons éteints.
Et, mauvais, je rirai, rayant tous leurs instincts
Et toutes leurs vertus de l'ongle de mes ailes.

Je serai si hideux que toutes les prunelles

Auront je ne sais quoi de sombre ; et les méchants
Et les pervers croîtront comme l'herbe des champs.
Le fils, devant le juge aux lèvres indignées,
Apparaîtra, tenant dans ses mains des poignées
De cheveux blancs du père égorgé. Je dirai
Au pauvre : Vole ; au riche : Opprime. Je ferai
Jeter le nouveau-né par la mère aux latrines.
Tremble, ô Dieu ! J'ouvrirai de mes mains leurs poitrines,
J'arracherai fumant et je tordrai leur cœur,
Et j'en exprimerai tous les crimes, l'horreur,
La trahison, le meurtre, Achab, Tibère, Atrée,
Sur ta création rayonnante et sacrée !

Tu seras Providence et moi Fatalité.

J'ai fait mieux que la Haine ; ô vide ! ô cécité !
J'ai fait l'Envie.

              En vain ce Dieu bon multiplie
Les colosses dont l'âme est de rayons remplie,
Le génie et l'amour et l'héroïsme ; moi
Par la négation je fais rougir la foi ;
Je suis Zoïle ; autour des Socrates j'excite
Anitus, et je mets sur Achille Thersite ;
Et tout pleure ; et j'égale, à force de venins,
A l'éclat des géants le gonflement des nains.

La matière a mon signe au front. Je la querelle.
J'effare l'eau sans fond sous des gouffres de grêle.

Je contrains l'océan, que Dieu tient sous sa loi,
Et la terre, à créer du chaos avec moi;
Je fais de la laideur énorme avec leur force,
Un monstre avec l'écume, un monstre avec l'écorce,
Sur terre Béhémoth, Léviathan sur mer.
Je complète partout le chaos par l'enfer,
La bête par l'idole, et les rats, les belettes,
La torpille, l'hyène acharnée aux squelettes,
La bave du crapaud, la dent du caïman,
Par le bonze, l'obi, le fakir et l'iman.

Dieu passe dans le cœur des hommes, j'y séjourne.
Sa roue avec un bruit sidéral marche et tourne,
Mais c'est mon grain lugubre et sanglant qu'elle moud;
Jéhovah frissonnant sent aujourd'hui partout
Une création de Satan sous la sienne;
Son feu ne peut briller sans que mon souffle vienne.
Il est le char; je suis l'ornière. Nous croisons
Nos forces; et j'emploie aux pestes, aux poisons,
Aux monstres, aux déserts, son pur soleil candide:
C'est Dieu qui fait le front, moi qui creuse la ride:
Il est dans le prophète et moi dans les devins.
Guerre et deuil! je lui prends tous ses glaives divins,
Le glaive d'air, le vent, le glaive d'eau, la pluie,
L'épée éclair, stupeur de la terre éblouie.
Et je m'en sers, terrible; et la nature a peur.
A mon haleine une hydre éclôt dans la vapeur
Et la goutte d'eau s'enfle en déluge agrandie:
Avec le clair foyer qui chauffe, j'incendie;
Je fais du miel le fiel, je fais l'écueil du port:
Dieu bénit le meilleur, je sacre le plus fort;

Dieu fait les radieux, je fais les sanguinaires.
Oui, pour broyer ses fils je prendrai ses tonnerres !
Oui, je me dresserai de toute ma hauteur !
Je veux dans ce qu'il fait tuer ce créateur.

Je veux le torturer dans son œuvre, et l'entendre
Râler dans la justice et la pudeur à vendre,
Dans les champs que la guerre accable de ses bonds,
Dans les peuples livrés aux tyrans, dans les bons
Et dans les saints, dans l'âme humaine tout entière !
Je veux qu'il se débatte, esprit, sous la matière ;
Qu'il saigne dans le juste assassiné ; je veux
Qu'il se torde, couvert de prêtres monstrueux,
Qu'il pleure, bâillonné par les idolâtries ;
Je veux que des lys morts et des roses flétries,
Du cygne sous le bec des vautours frémissant,
Des beautés, des vertus, de toutes parts, son sang,
Son propre sang divin, sur lui coule et l'inonde.
Voyez, regardez, cieux ! L'échafaud, c'est le monde,
Je suis le bourreau sombre et j'exécute Dieu.

Dieu mourra. Grâce à moi, les chars sous leur essieu,
Les rois sous leur pouvoir, les aigles sous leurs griffes,
Les dogmes ténébreux et noirs sous leurs pontifes,
Tout ce qui sur la terre à cette heure est debout,
Même les innocents sous leurs pieds, ont partout
Quelque chose de Dieu que dans l'ombre ils écrasent.
Mes flamboiements rampant sous l'univers l'embrasent.
Je suis le mal ; je suis la nuit ; je suis l'effroi.

VI

Grâce! pardonne-moi! rappelle-moi! prends-moi!
Grâce !

    Ne sens-tu pas qu'il faut que toute chaîne
Se rompe, et que le mal finisse, et que la haine
S'éteigne, évanouie en ta sérénité?

Quoi ! le bien infini, le mal illimité !
Toi le bien, moi le mal ! Est-ce que c'est possible?
Le monde gouverné par un double invisible !
Y songez-vous, Seigneur? un partage entre nous !
Non, vous êtes la face, et je suis les genoux.
Laissez-moi me plier et tomber, maître immense.
Sur ce pavé des cieux qu'on nomme la clémence !
Grâce, ô Dieu!

    L'univers, les terres et les eaux,
L'azur sans bornes plein d'invisibles oiseaux.
Les glauques océans qui font rugir leurs ondes.
L'énormité vivante où rayonnent les mondes,
Quoi! c'est une balance où nous pesons tous deux !
Qu'en dites-vous, soleils? Lui charmant, moi hideux!

Quoi ! lui dans un plateau, soleils, et moi dans l'autre !
La chair est ma servante et l'âme est son apôtre.
Je lutte. Nous tenons chacun notre côté.
Avoir l'infini, c'est avoir l'égalité.
Ton paradis ne fait qu'équilibre à mon bagne.
Ah ! la création ainsi qu'une montagne
Pèse sur moi ; je lève à travers les chaos
Mon front d'où mes douleurs retombent en fléaux ;
Je me tords sans repos, sans fin, sans espérance.
C'est une majesté qu'une telle souffrance.
Oui, c'est l'énigme, ô nuit, de tes millions d'yeux ;
Le grand souffrant fait face au grand mystérieux.
Grâce, ô Dieu ! Pour toi-même il faut que je l'obtienne.
Ma perpétuité fait ombre sur la tienne.
Devant ton œil flambeau rien ne doit demeurer,
Tout doit changer, vieillir et se transfigurer.
Toi seul es. Devant toi tout doit avoir un âge.
Et c'est pour ta splendeur un importun nuage
Qu'on voie un spectre assis au fond de ton ciel bleu,
Et l'éternel Satan devant l'éternel Dieu !

VII

Ils sont là-haut ! Ils sont dans l'hymne et dans la joie ;
L'éther des paradis devant eux se déploie ;
Ils planent satisfaits, bienveillants, sérieux,
Dans le rayonnement du ciel mystérieux ;

Leurs robes dans l'azur font des plis de lumière;
Ils ont leur innocence et leur blancheur première.
Ils vont d'un monde à l'autre ainsi que des oiseaux.
L'amour les courbe ainsi que le vent les roseaux.
Et les redresse ainsi que le foyer ses flammes.
Ils s'abîment en Dieu tout en restant des âmes,
Et contemplent, heureux, la face de clarté.
Ils s'accouplent, noyés dans la félicité.
Ils le regardent être, il les regarde vivre.
Ils montent à jamais vers lui. Lui les enivre
Du sourire inouï de son immensité.
Il les voit; il leur parle; il est Grâce et Beauté;
L'impénétrable est doux, le formidable est tendre... —
Oh! je voudrais saisir, arracher, tenir, prendre,
Oh! je voudrais broyer l'étoile du matin!

Le boiteux, le lépreux, et l'aveugle incertain,
Ceux qui marchent pieds nus et ceux qui n'ont pas même
Un toit l'hiver, ce sont des riches. Dieu les aime.
Ils ont pour vêtement ton regard de bonté.
Dieu! N'être pas aimé, c'est là la nudité!
Être maudit, c'est là le bitume et le soufre.

VIII

J'ai mis sous une pierre et scellé dans un gouffre
La justice, le bien, le pur, le vrai, le beau,
Tout ce qui peut servir à l'homme de flambeau,
La vertu, la raison, penser, espérer, croire,
Ce qu'on nomme sagesse et ce qu'on nomme gloire,
Et je rêve accoudé sur le tombeau profond.
Je suis grand. Et sous moi les ténèbres défont
Ce qu'a fait la lumière, et dans les noirs abîmes,
Pensif, j'entends tomber goutte à goute les crimes.
Le chaos me contemple, et j'ai le pied dessus.
Hélas! hélas! mieux vaut l'étable où naît Jésus
Que Babel et Ninive et Tyr et Babylone,
Et Job sur son fumier que Satan sur son trône!

Oh! si j'étais heureux, je serais bon! pitié!
Je ne maudirais pas! L'onagre a-t-il crié,
Le bœuf a-t-il mugi quand ils ont eu de l'herbe?
L'amour, l'azur, les lys, la lumière superbe,
Les grands rayons dorés qui vont s'élargissant,
Les vierges, les enfants joyeux, l'âge innocent,
La frange d'or de l'aube au rebord des ravines,
Oh! je crie éperdu vers ces choses divines
Que je ne vois plus! — Dieu! — Dieu! — Les splendeurs d'en haut
Ajoutent de la nuit, hélas! à mon cachot.

Il me tombe, de tous les concerts, des huées.
Torture ! Je voudrais attendrir les nuées,
Je tends les mains aux fleurs, je crie aux aquilons :
Grâce ! Ayant tous les maux du monde pour haillons,
Je pleure, je demande à la ronce, à la gerbe,
Au nuage, à la tombe, à l'étoile, au brin d'herbe,
Aux bêtes reculant devant le front humain,
Aux cailloux qu'un forçat casse au bord du chemin,
A tout, au jour qui naît, au vent qui recommence,
De la pitié ! Je suis le mendiant immense.

.   .   .   .

.   .   .   .

DANS L'INFINI

CHANT DES ASTRES

LUMIÈRE

—

ARGELANDER, astronome.
L'ÉTOILE ARGOL.
L'ÉTOILE EPSILON.
L'ÉTOILE NU.
L'ÉTOILE MIRA CŒLI.

(Le Chant des Astres manque.)

IX

. . . .
. . . .

Encor si je pouvais dormir!

                    Si seulement
Une heure, une minute, un soupir, un moment,
Le temps qu'une onde passe au fond du lac sonore,
Fût-ce pour m'éveiller plus lamentable encore,
Sur n'importe quels durs et funèbres chevets,
Si je pouvais poser mon front! si je pouvais,
Nu, sur un bloc de bronze ou sur un tas de pierres,
L'une de l'autre, hélas! rapprocher mes paupières,
Et m'étendre, et sentir quelque chose de frais,
De doux et de serein, comme si je mourais!
Si je pouvais me perdre un moment dans un songe,
Apaiser dans mon flanc ce qui remue et ronge,

Aspirer un fluide étrange, aérien,
Impalpable, et flotter, et n'entendre plus rien,
Ni mon aile frémir, ni battre mon artère,
Ni ces cris dont je suis la cause sur la terre :
—Tuons ! Frappons ! Damnons ! J'ai peur ! J'ai froid ! J'ai faim !—
Sentir ma misérable oreille sourde enfin !
Oh ! me coucher, rentrer mes griffes sous ma tête,
Dire : — C'est bien ! je dors tout comme une autre bête,
Comme un léopard, comme un chacal, comme un loup !
Une nuée auguste et calme me dissout ! —

Mais non ! jamais ! Je traîne à jamais l'insomnie
Dans une immensité sinistre d'agonie.
Ne pas mourir, ne pas dormir. Voilà mon sort.
En songe on ne sort pas, mais on croit que l'on sort,
C'est assez. Je n'ai point cette trêve. Ma peine
C'est d'être là, toujours debout ; d'être une haine
Éternelle, veillant dans l'ombre affreusement,
Et c'est de regarder sans cesse fixement
Les escarpements noirs du mystère insondable.
Voir toujours fuir, ainsi qu'une île inabordable,
Le sommeil et le rêve, obscurs paradis bleus
Où sourit on ne sait quel azur nébuleux !
O condamnation !

                Je suis sous cette voûte.
Je regarde l'horreur profonde, et je l'écoute.
Pas un être ne peut souffrir sans que j'en sois.
Je suis l'affreux milieu des douleurs. Je perçois
Chaque pulsation de la fièvre du monde.
Mon ouïe est le centre où se répète et gronde

Tout le bruit ténébreux dans l'étendue épars ;
J'entends l'ombre. O tourment ! le mal de toutes parts
M'apporte en mon cachot sa triste joie aiguë ;
J'entends glisser l'aspic et croître la ciguë ;
Le mal pèse sur moi du zénith au nadir ;
La mer a beau hurler, l'avalanche bondir,
L'orage entre-heurter les foudres qu'il secoue,
L'éclatant zodiaque a beau tourner sa roue
De constellations, sombre meule des cieux,
A travers le fracas vaste et prodigieux
Des astres dont parfois le groupe énorme penche,
A travers l'océan, la foudre et l'avalanche
Roulant du haut des monts parmi les sapins verts,
J'entends le pas d'un crime au bout de l'univers.
La parole qu'on dit tout bas, qui n'est pas vraie,
L'obscur tressaillement du blé qu'étreint l'ivraie,
La gangrène qui vient mordre la plaie à vif,
Le chuchotement sourd des flots noyant l'esquif,
Le silence du chien près du nid de la grive.
J'entends tout, je n'échappe à rien, et tout m'arrive
A la fois dans ce bagne où je suis submergé ;
Tous les fléaux en moi retentissent ; et j'ai
Le contre-coup de tous les monstres ; et je songe,
Écoutant la fureur, la chute, le mensonge
De toute cette race immonde de Japhet ;
Je distingue le bruit mystérieux que fait
Dans une conscience un forfait qu'on décide ;
O nuit ! j'entends Néron devenir parricide.

Sommeil, lieu sombre, espace ineffable, où l'on est
Doux comme l'aube et pur comme l'enfant qui naît !

Dormir, ô guérison, détachement, rosée,
Stupeur épanouie, immense ombre apaisée,
Repos sacré, douceur muette, bercement
Qui trempe dans les cieux les cœurs, noir et charmant !
Oh ! ce bain des remords, ce baume des ulcères,
La paix qui fait lâcher ce qu'on a dans les serres,
N'avoir jamais cela ! Jamais ! n'avoir jamais
Cet assoupissement sur les vagues sommets,
Ce sommeil, devant qui les âmes sont pareilles,
Qui change l'antre en nid, et permet aux abeilles
De voler dans la gueule ouverte des lions !
Oh ! cette voix qui dit : calmons et délions !
Ne l'entendre jamais dans mes nuits convulsives !
La flamme à la prunelle et la bave aux gencives,
Veiller, veiller, veiller, grincer des dents, voilà
Dans quelles profondeurs ma faute me scella !
Sort hideux ! m'enfermer dans la nuit et m'exclure
Du sommeil ! me livrer à cette âcre brûlure,
La veille sans repos, le regard toujours noir,
Toujours ouvert ! O nuit sans pitié ! ne pouvoir
Lui prendre un peu de calme, et l'avoir sur moi toute !
Englouti dans l'oubli, n'en pas boire une goutte !

Toujours être aux aguets ! toujours être en éveil !

O vous tous, êtres ! fils de l'ombre ou du soleil,
Qui que vous soyez, morts, vivants, oiseaux des grèves,
Esprits de l'air, esprits du jour, larves des rêves,
Faces de l'invisible, anges, spectres, venez,
Vous trouverez Satan les yeux ouverts. Planez,

Rampez, allez-vous-en, revenez ; Satan veille
Les yeux ouverts. C'est l'ombre ou c'est l'aube vermeille ;
Il a les yeux ouverts. Hier, demain, toujours !
Laissez s'enfuir les pas du temps, tardifs ou courts,
Après des millions de pas, de mois, d'années,
De siècles, de saisons, écloses ou fanées,
De flux et de reflux, de printemps et d'hivers,
Venez, vous trouverez Satan les yeux ouverts !

Deux yeux fixes, voilà le fond de l'épouvante.

L'obscurité spectrale, informe, décevante,
Chimérique, me tient dans ces gouffres, béant
Et ployé sous le poids monstrueux du néant.
Je souffre.

        Oh ! seulement un instant, que je dorme !

X

Je l'aime d'être beau, moi qui suis le difforme.
Que j'oublie un instant ! — O souvenir ! — Je vois
Les anges lui parler dans l'ombre à demi-voix.
Que leur dit-il ? Je suis jaloux ! Je me rappelle
Qu'il me parlait aussi, que la lumière est belle,

Je l'aime d'être bon, moi qui suis le mauvais.
Oh ! le temps d'un éclair, hélas ! si je pouvais
Au fond de mon chaos voir son ombre apparaître !
Je l'adore, ce Dieu, plus que Jephté son prêtre,
Plus qu'Amos son prophète et David son chanteur.
Je l'aime d'être vrai, moi, qui suis le menteur.
Le sang brûle mes yeux, l'écume emplit ma bouche,
Et, chien de l'infini, chassé du ciel, farouche,
Hagard, pleurant mon maître, à la porte du jour,
Mâchant le genre humain, je hurle mon amour !

Oui, chien !

        En lui parlant ma voix devient horrible.

Parfois, pensif, courbé sous mon plafond terrible,
J'entends les séraphins le chanter dans les cieux,
Et, quand ils ont fini, l'écho chante après eux ;
Alors je dis : — Eh bien, moi comme eux, moi de même,
Dieu, je veux te chanter ! ô lumière, je t'aime !
Je veux d'un chant d'enfer ravir l'écho du ciel.
Satan est une lyre ainsi que Gabriel.
Dieu ! c'est à toi, vrai jour, c'est à toi, seul refuge,
Dieu ! c'est à toi, pasteur, roi, père, maître et juge,
Que la création songe éternellement !

Et fou, vieux cœur de fer attiré par l'aimant,
Je dis : gloire ! et ma strophe éclate en diadème,
Et je leur chante un hymne ineffable et suprême,

Hymne aux versets charmants d'ombre et d'extase emplis
Et qui pourrait sortir de la bouche d'un lys...

Puis j'écoute ; et l'écho qui me répond aboie !

XI

Les plus mornes cachots ont une claire-voie ;
Au fond de l'oubliette, au fond du cabanon.
Quelque chose encor semble exister ; ici, non.

Satan vers Jéhovah se tourne, las d'abime.
Oh ! l'unique assassin et l'unique victime.
C'est moi. J'ai pour tourment le mal que mes mains font.
Les autres êtres sont, puis ne sont plus, ils vont,
Puis s'arrêtent ; un bruit, puis rien ; je les envie.
Les autres sont morts ; moi, je suis veuf de la vie.
L'effroyable vivant du sépulcre, c'est moi.

Oui, le supplicié râle et rugit ; la loi
Le tient dans ses poignets de bronze qu'on redoute,
Le tue à petit feu, l'égorge goutte à goutte,
Et s'interrompt parfois pour qu'il meure longtemps.
Ses pieds fument, sa chair pétille, et par instants

Flambe, et l'on voit sortir du ventre ses entrailles ;
Il hurle ; l'huile bout dans la cuve ; tenaille,
Plomb fondu, roue, horreur ! Par degrés cependant,
Malgré le vil bourreau de plus en plus ardent,
Sur l'homme évanoui la torture s'émousse ;
La sinistre agonie arrive, affreuse et douce ;
Le tourment vaincu semble à la surface errer ;
Le misérable sent, au moment d'expirer,
Comme un éloignement ténébreux du supplice ;
Entre ses cils brûlés un rayon pâle glisse,
C'est la mort, c'est le ciel, c'est l'infini profond !
Il y tombe, il y flotte, il lui semble qu'il fond ;
Ses yeux tout grands ouverts se fixent sur le vide ;
Il est mort ! — Oh ! cela, gouffres, j'en suis avide,
Je l'implore et je crie : A mon secours, bourreaux !
La roue aux mille dents, les chevalets, les crocs,
L'attention du juge affreux, lent et barbare,
Les pinces, les crampons rougis, les coups de barre,
L'huile ardente rongeant la cuve de granit,
Le fer, le feu, c'est bon, c'est doux ; — cela finit.

XII

Ayez de la pitié, gouffres, prison, géhenne,
Sépulcre, chaos, nuit, désolation, haine,
Ayez de la pitié, si le ciel n'en a pas !
Sur Satan, de si haut précipité si bas,

O voûtes de l'enfer, laissez tomber des larmes !

Non, c'est Dieu, c'est le ciel, c'est l'azur plein de charmes
L'aurore se livrant toute nue à mes yeux,
C'est le baiser du jour, c'est l'amour que je veux !
Rien ! le deuil. Rien ! l'hiver. Rien ! l'âpre solitude.
Le vil chaos, toujours dans la même attitude !
Les blocs mystérieux de l'expiation !
Je ne puis même, hélas ! voir une vision,
Un reflet comme on voit du jour aux trous d'un crible.
J'écoute du néant le monologue horrible.
L'immensité pour moi ne contient qu'un affront.
Jamais Dieu ! — Tout est noir. — Quand ma main sur mon
Cherche les deux rayons de l'archange, elle y trouve
Les deux cornes du bouc ; je ne sais quelle louve
Qui tient l'être en sa gueule et l'emporte et le mord,
Vient me lécher dans l'ombre, et dit : Je suis la mort.
Quoi ! j'ai le désespoir à jamais pour demeure !
Horreur ! je t'aime, ô Dieu ! Grâce, ô mon Dieu !

                                        Bien, ple
Sanglote, implore, écume, aime ! et sois rebuté !
Aime ! refais toujours la même lâcheté !
Chien Satan, vautre-toi toujours dans ta bassesse ! —

Oh ! je monte et descends et remonte sans cesse,
De la création fouillant le souterrain ;
Le bas est de l'acier, le haut est de l'airain.
A jamais, à jamais, à jamais ! Je frissonne.
Et je cherche et je crie et j'appelle. Personne !

Et, furieux, tremblant, désespéré, banni,
Frappant des pieds, des mains et du front l'infini,
Ainsi qu'un moucheron heurte une vitre sombre,
A l'immensité morne arrachant des pans d'ombre,
Seul, sans trouver d'issue et sans voir de clarté,
Je tâte dans la nuit ce mur, l'éternité.

. . . .
. . . .

DANS LE CIEL

—

HYMNE DES ANGES

———

PENSÉE

———

(l'Hymne des Anges manque.)

———

II

L'ANGE LIBERTÉ

—

I

De la lumière. Et puis de la lumière encore.
Chaos de firmaments dans des gouffres d'aurore.
L'ange Liberté plane en l'azur spacieux.
On dirait que son œil cherche une issue aux cieux.
Elle voit une étoile. Elle s'approche : — Écoute,
Étoile ; conduis-moi sous la fatale voûte ;
Dieu permet que je parle à celui qui fut grand.
— Je ne puis, répond l'astre. — Et Liberté reprend :
— Du moins, dis-moi la route et comment y descendre.
— Parle à l'Éclair, dit l'astre. Il peut seul te l'apprendre.
Cet ange est dans le ciel le seul qui sait tomber.

D'une aile que le vent même ne peut courber,
L'ange Liberté part et franchit l'éther sombre.
Elle vola longtemps ; — l'homme n'a pas de nombre
Pour compter ce temps-là. — Son vol fier était sûr.

Tout à coup, dans un angle informe de l'azur,
Elle vit l'écurie énorme des nuées.
On entendait sonner des chaînes dénouées,
Et rouler on ne sait quels effrayants essieux ;
L'ange Éclair travaillait dans cet antre des cieux :
Il en faisait sortir tous les chars du tonnerre :
Quelques-uns n'étaient faits que de flamme ordinaire.
D'autres semblaient forgés dans l'enfer par les nuits ;
Et des ruissellements de foudres inouïs
Ébauchaient vaguement leur forme épouvantable ;
Les écueils dans la mer, les taureaux dans l'étable
Sont des roucoulements près des monstrueux bruits
De tous ces chars avec de l'abîme construits.

Liberté s'avança vers l'Éclair. L'immortelle
Sourit : — Ange, tu dois connaître, lui dit-elle,
L'éclatant Lucifer tombé dans le trépas.
— C'est moi qui l'ai frappé, je ne le connais pas.
Dit l'Éclair. — Mais le gouffre où tu jetas cette âme,
Tu peux me le montrer ? —Non, dit l'esprit de flamme.
Va trouver le vieil ange Hiver. Il est le seul
Qui connaisse les plis ténébreux du linceul.
Moi, je ne me souviens de rien : Je brise, et passe.

Puis, il montra du doigt un point noir dans l'espace.
C'était la terre.

     — Va, dit-il. Le triste enfer
Touche à ce monde, et là tu trouveras l'Hiver.

Et l'ange Liberté, telle qu'un jet de fronde,
Partit, et vit grandir la sphère obscure et ronde,
Et, superbe et bravant la bise et le mistral,
S'abattit sur la terre à l'endroit sépulcral.

Dans ce cercle effrayant que les glaciers enserrent,
Au fond du désert blême où jamais ne passèrent
Les Colomb, les Gama, ces lumineux sondeurs,
Dans ces obscurités et dans ces profondeurs
Sur la création par le néant conquises,
Au delà des spitzbergs, des flots et des banquises,
Au centre de la brume où tout rayon finit,
Loin du jour, dans l'eau marbre et dans la mer granit,
Le sombre archange Hiver se dresse sur le pôle ;
La trompette à la bouche et l'ombre sur l'épaule,
Il est là, sans qu'il sorte, au milieu de ce deuil,
De son clairon un souffle, un éclair de son œil ;
Il ne rêve pas même, étant un bloc de neige ;
Les vents ailés, pareils à l'oiseau pris au piège,
Sont dans sa main, captifs du silence éternel ;
Son œil éteint regarde affreusement le ciel ;

Le givre est dans ses os, le givre est sur sa tête ;
L'horreur pétrifiée autour de lui s'arrête :
Sa sinistre attitude effare l'infini ;
Dur, morne, il est glacé, c'est-à-dire banni :
La terre sous ses pieds, de ténèbres vêtue,
Se tait ; il est la blanche et muette statue
Debout sur ce tombeau dans l'éternelle nuit ;
Jamais une lueur, un mouvement, un bruit,
N'effleurent le géant, seul sous de sombres voiles.
Mais quand, à ces cadrans qu'on nomme les étoiles,
L'heure du dernier jour, sans terme et sans milieu,
Sonnera, le rayon de la face de Dieu
Dégèlera le spectre, et tout à coup sa bouche
Se gonflera d'un pli formidable et farouche.
Et les mondes esquifs, roulant sans aviron,
Entendront l'ouragan sortir de son clairon.
Jamais le séraphin constellé d'yeux n'approche
Cette âme du silence et du deuil, faite roche.
Geôlière des cieux morts et des espaces noirs ;
Ce brouillard gris, pareil à la chute des soirs,
Fait peur aux chérubins extasiés et tendres :
Les neiges, cette forme effroyable des cendres,
Font de cet horizon, dont l'aube hait le seuil,
Quelque chose qui semble un dedans de cercueil.

L'Ange vierge, à travers les glaciers, blancs décombres,
Vola droit au géant, roi de ces déserts sombres
Dont le jour ne veut pas et qu'il n'a pas reçus.

D'abord elle plana radieuse au-dessus

Du lourd colosse, avec les grands cercles de l'aigle ;
Puis, s'approchant, lui dit :

              — Celui qui juge et règle,
Celui qui fait tout vivre et qui fait tout trembler,
M'a permis de venir ici ; je veux parler
A quelqu'un d'effrayant dont seul tu connais l'antre ;
O géant, ouvre-moi le gouffre, pour que j'entre.

Le vieillard de la nuit resta sourd et muet ;
Pas un pli du brouillard pesant ne remuait
Dans cette immensité d'ombre et de solitude ;
Seulement, sans que rien troublât son attitude
Et sans qu'un mouvement fît voir qu'il entendît,
La glace sous ses pieds lentement se fendit.
Une crevasse étrange apparut, ouverture
D'on ne sait quelle horreur qui n'est plus la nature,
Bouche d'un puits livide et morne, escarpement
D'un abîme qui va plus loin que l'élément,
Vision du néant formidable, enfermée
Entre deux murs sans forme où rampe une fumée ;
Deuil, brume, obscurité sans fond et sans contour.

La vierge Liberté, blanche et faite de jour,
Sentit le froid du lieu funeste où rien n'existe.
La désolation de ce gouffre était triste
Et profonde ; et c'était l'infini de la nuit.

Elle ouvrit sa grande aile où l'azur des cieux luit
Et, calme, descendit dans cette ombre terrible.

                              25.

II

Or, en ce même instant, l'horreur indivisible,
Sans palpitation, sans souffle et sans échos,
La lugubre unité de tombe et de chaos
Qu'on nomme Enfer, voyait une chose inouïe.

Une forme, parfois soudain évanouie,
Puis renaissant, flottant au loin, puis s'abimant,
Sorte de voile ayant un vague mouvement,
Glissait sous ce plafond qu'on prendrait pour un rêve.

Cette figure était la même que la grève
Du fleuve Seine avait vue errer autrefois,
Et jeter dans les vents sa redoutable voix.

Elle allait, comme l'algue erre... — A travers le voile
La fixité des yeux flamboyait, et la toile
Dont ce voile était fait semblait avoir été
Tissée avec du rêve et de l'obscurité.
Elle sondait l'enfer qui sans fin se prolonge;
Dans la stagnation des ténèbres, qui songe,

Et qui, farouche, a l'air d'un crime qui se tait,
Elle passait, tournait, descendait, remontait,
Prenant on ne sait quels plis informes pour guides,
Blême aux endroits obscurs, noire aux endroits livides.
Ainsi vole à travers les branches l'émouchet.
Parfois, comme quelqu'un qui cherche, elle touchait
Le mur prodigieux de la cave du monde.
Elle serpentait, lente et souple comme une onde,
Dans l'abîme où l'esprit lit ce mot triste : Absent.
Souvent elle laissait derrière elle en passant
Le bleuissement pâle et fugitif du soufre.

Soudain, comme sentant sous elle plus de gouffre,
Elle hésita, pencha ce qui semblait son front,
Et regarda.

            La nuit qu'aucun jour n'interrompt
Gisait dans l'étendue effroyable et sublime.
Ce précipice était de la mort, faite abîme.
On y sentait flotter du sépulcre dissous.
On voyait de la nuit sous la nuit; au-dessous
De l'ombre, dans un vide étrange, on voyait l'ombre.

Tout au fond remuait une apparence sombre;
Un fantôme entrevu, submergé, trouble, enfui,
Errant, rampant; c'était le Damné; c'était Lui.

On distinguait un front, des ailes, des vertèbres.

C'était l'archange larve, âme des lieux funèbres,
Mêlant en lui de l'astre avec de l'animal ;
C'était l'être sinistre en qui pense le mal ;
C'était le criminel que le crime exécute ;
C'était plus qu'un esprit tombé ; c'était la Chute.

Le chaos se roulait sur l'ange en se gonflant ;
Par intervalle, un ongle, un large crâne, un flanc
Rayé comme les lynx, les guêpes et les zèbres,
Se dressait dans le spasme horrible des ténèbres.
Ses écailles semblaient de fumée et de jais.
On croyait voir quelqu'un de ces vagues objets
Tortueux et flottants dont on craint la piqûre.
Offrant tous les aspects dans une ébauche obscure,
Céleste, bestial, humain, vertigineux,
Laissant voir une face au milieu de ses nœuds,
Enflant des plis confus dans l'ombre où rien ne brille,
C'était par instants l'hydre et parfois la chenille.
Il se traînait, visqueux, blême, éclipsé, terni,
Reptile colossal du cloaque infini.

La caverne d'en bas de Tout ; voilà ce gouffre.

C'était du vide en pleurs et du miasme qui souffre.
D'affreux rocs ébauchaient de noirs décharnements ;
On croyait, dans la brume épaisse, par moments,
Entrevoir le cadavre effrayant de la Cause ;

Tout était mort; Satan flottait dans quelque chose
D'informe et de hideux qui paraissait détruit;
De sorte qu'au milieu de la fétide nuit,
Tout étant noirceur, peste, épouvante, misère,
Lividité, ruine, il semblait nécessaire
Qu'au fond de cette tombe on vît ramper ce ver.

Si quelque ange, égaré dans l'éternel hiver,
Fouillant la profondeur du deuil impénétrable,
Hélas! fût arrivé jusqu'à ce misérable,
Il n'eût rien retrouvé dans ce roi de l'enfer
Du géant éclaireur qu'on nommait Lucifer.

L'abîme avait fini par entrer dans sa forme.
La condamnation, lourde, lépreuse, énorme,
S'était, sur cet archange à jamais rejeté,
Lentement déposée en monstruosité.
L'impur typhus sortait de son haleine amère.
Parfois, dans ce puits sombre et rempli de chimère
Que la vision seule aperçoit et connaît,
Quelque ruissellement de lueur dessinait
Son dos ou la membrane immonde de son aile.
La rondeur de sa rouge et luisante prunelle
Semblait, dans la terreur de ces lieux inouïs,
Une goutte de flamme au fond du puits des nuits.
Sa face était le masque effaré du vertige.
A de certains moments, phases du noir prodige,
Un flamboiement, sortant de lui, glissait sur lui;
L'abîme aveugle était brusquement ébloui;
Alors, vision noire, à travers l'insondable,

A travers l'inconnu qui n'est pas regardable,
Dans l'étrange épaisseur du gouffre devenu
Glauque autour du colosse inexprimable et nu.
Satan apparaissait dans toute sa souffrance :
Le démon fulgurant, dans cette transparence,
Horrible, se tordait comme un éclair noyé.
Puis la nuit revenait, glacée et sans pitié ;
La vaste cécité refluait sous la voûte
De l'éternel silence et l'engloutissait toute ;
Et l'enfer, un instant montré, se refermant,
Lugubre, s'emplissait d'évanouissement.

III

La goule Isis-Lilith cria dans cette fosse :

« — Sois content. Tout périt. (Oh ! toute langue est fauss
Comment rendre ces cris de spectre en mots humains ?)
Père, ce qu'une fois j'ai saisi dans mes mains,
Moi, la Fatalité, jamais je ne le lâche.
L'airain, le bois, la pierre, ont accompli leur tâche :
L'airain s'est fait soldat, roi, prince, chevalier,
Et le bois s'est fait juge, et la pierre geôlier ;
Caïn a reparu sous trois formes, le glaive,
Le gibet, la prison, et Babel se relève ;

Le sang coule, Jésus est mort, l'enfer prévaut ;
L'échafaud monstrueux du monde est le pivot ;
Tout croule ; et dans le sang humain l'homme se lave ;
La guerre le fait brute et la prison esclave ;
L'homme subit le joug en sortant du combat
Et, tigre dans le cirque, est âne sous le bât.

« Sois content. Tout est fauve, impitoyable et triste.
Tu règnes.

    « Cependant un obstacle résiste ;
Dans cette fourmilière obscure un peuple luit ;
Il est le verbe, il est la voix, il est le bruit ;
Il agite au-dessus de la terre une flamme ;
Ce peuple étrange est plus qu'un peuple, c'est une âme ;
Ce peuple est l'Homme même ; il brave avec dédain
L'enfer et, dans la nuit, cherche à tâtons l'éden ;
Ce peuple, c'est Adam, mais Adam qui se venge,
Adam ayant volé le glaive ardent de l'ange,
Et chassant devant lui la Nuit et le Trépas.
Il va ; tous les progrès sont faits avec ses pas ;
Pas de haute action que ses mains ne consomment ;
Les autres nations l'admirent, et le nomment
FRANCE, et ce nom combat dans l'ombre contre nous.
Cette France est l'amour et la joie en courroux ;
C'est le bien qui rugit, l'idéal qui s'irrite ;
Tous nos prêtres, docteur qui ment, juge hypocrite,
Faux juges, faux savants déformant les esprits,
Nagent dans le crachat de son vaste mépris ;
Elle est volcan, torrent, flot, lave ; elle bouillonne ;
Fière, elle a plus qu'Athène et plus que Babylone,

Elle a Paris, la ville univers, pour cerveau ;
Sur l'horizon humain, bouleversé, nouveau,
Elle souffle la vie ainsi qu'une tempête.

« Mais, écoute ; ce peuple est vaincu ; sur sa tête
J'ai mis le joug ; il est l'aube, je suis la fin.
La pierre, dont Abel fut frappé par Caïn,
Gisait toute difforme et tout ensanglantée,
Tu t'en souviens ; je l'ai ramassée et jetée
Près de la Seine, ainsi qu'une graine en un champ ;
Ton haleine, perçant le globe, et la touchant,
L'a fait croître et grandir jusqu'au ciel, tour affreuse.
Cette tour en cachots innombrables se creuse ;
Elle est la sœur du trône ; elle écrase Paris ;
Elle éteint sa lumière, elle étouffe ses cris ;
C'est là que toute chaine aboutit et commence ;
Elle est le cadenas de l'esclavage immense ;
Elle est la glace au front de la France qui bout ;
Elle est la tombe, et l'ombre avec elle est debout ;
Elle garde en ses flancs le billot et la roue ;
Cette tour est la geôle où le vieux dogme écroue
L'âme et la vie, et met l'esprit humain aux fers ;
Car Paris bâillonné fait muet l'univers ;
La prison de la France est le cachot du monde.
Maintenant, c'est fini, tout râle et rien ne gronde ;
Ris, Satan. Plus que toi les hommes sont proscrits ;
La Bastille, implacable et dure, est sur Paris
Comme l'épée avec la croix sur les deux Romes.

« Puisque tous deux, moi spectre et toi démon, nous somn

Les damnés, sans repos, sans sommeil, les témoins,
Puisque nous ne pouvons dormir, ayons du moins
L'âcre bonheur du mal dans notre fièvre horrible ;
A travers ton enfer comme à travers un crible,
Toi, souffle la fureur aux hommes désastreux,
Et moi je secouerai le suaire sur eux.
Oui, ta vengeance étreint le monde, et le ravage.
Dans ces trois cercles noirs, Haine, Meurtre, Esclavage,
Le morne enfer tient l'homme à jamais enfermé.
Un brouillard, d'ignorance et de douleur formé,
Envahit lentement la terre comme une onde.
O grand désespéré, dans ta tombe profonde,
Sois content. Nuit, terreur, mort. Éclipse de Dieu. »

Et le spectre, penchant ses prunelles de feu,
Regardant l'épaisseur qu'aucun frisson n'anime,
Attendit la réponse énorme de l'abîme.

Mais rien ne remua. Rien ne semblait vivant.

Le fantôme étonné regarda plus avant.

— Es-tu là ? cria-t-il.

                    L'ombre resta muette.

Soudain la colossale et sombre silhouette
De l'ange monstre en qui le ciel s'évanouit.
Apparut, surnageant sur le flot de la nuit.

Sur son front formidable une molle fumée
Flottait, et sa paupière horrible était fermée.

O prodige! Satan venait de s'endormir.

Une commotion de stupeur fit frémir
L'immuable nuée au fond du précipice.

L'antique patient de l'éternel supplice.
Pour souffrir à jamais à jamais rajeuni.
Lui. l'immense œil de tigre ouvert sur l'infini.
Satan, le mal. l'horreur condensée en génie.
L'anxiété, le guet, la douleur. l'insomnie.
Dormait.

      En même temps la terre eut un répit.
La lave folle aux flancs de l'Hékla s'assoupit:
Le fouet oublia l'âne; et l'ours. las de ses courses.
Vint boire avec la biche à la clarté des sources;
La rose parut belle aux dragons éblouis:
L'âme de Marc-Aurèle entra dans saint Louis:
Le plus grand. attendri. se pencha sur le moindre:
Le bonze, croyant voir de la lumière poindre.

Eut peur, chouette, et dit en frémissant : Déjà !
La plante, qu'étouffait le roc, se dégagea ;
Les mouches, qui pendaient aux toiles d'araignées,
S'envolèrent, de vie et d'aurore baignées ;
Le poids se souleva des reins du portefaix ;
Le vent s'arrêta court sur les flots stupéfaits,
Et fit grâce, et laissa rentrer la barque au havre ;
L'enfant mort, dont la mère embrassait le cadavre,
Rouvrant les yeux, reprit le sein en souriant.

Satan dormait.

IV

Isis recula, s'écriant :
— Il dort ! je souffre seule. Oh ! je le hais.

Sa bouche
Écarta presque, avec cette clameur farouche,
Le voile par ses yeux flamboyants traversé ;
Puis les plis du linceul froid et toujours baissé
Tombèrent longs et droits, et Lilith immobile
Songea.

Ce qu'un démon peut songer, la sibylle
Peut seule l'entrevoir quand dans son noir réduit
Elle s'accoude, ayant face à face la nuit.

On entendait suinter le néant goutte à goutte.

Soudain Isis leva son regard vers la voûte.
Et, comme la fumée aux cimes de l'Etna.
Dans toute sa longueur son linceul frissonna ;
Elle se dressa haute. épouvantable et pâle.
Et jeta. secouant son voile, avec le râle
Du tigre apercevant le lion importun.
Ce cri. prodigieux dans ce gouffre : Quelqu'un !

Un ange éblouissant, les ailes déployées,
Entrait.

          Les profondeurs avec Satan broyées.
Tous ces monts que la fable appelle Othryx. Ossa.
Phlégon. et que le jet de soufre éclaboussa.
Monts frappés comme lui quand Dieu brisa son aile
Et roulés dans sa chute avec lui pêle-mêle.
Les blocs cicatrisés et morts. les rocs maudits
Que Michel. soleil foudre. extermina jadis.
Crurent revoir l'éclair du grand coup de tonnerre.

Tout l'enfer tressaillit.

          L'ange, extraordinaire.
Superbe. souriant. descendait.

                              Sa clarté,
Sereine, blêmissait l'enfer épouvanté.
Le chaos éperdu montra sa pourriture.
On voyait au zénith du gouffre une ouverture
D'où tombait la lueur ineffable des cieux.
La géhenne s'ouvrit comme un œil chassieux;
Tout le plafond, pendant en haillon formidable,
S'éclaira. L'on put voir le fond de l'insondable,
Et les recoins confus du grand cachot souillé;
L'abîme frissonna comme un voleur fouillé;
On distinguait les bords des précipices traîtres;
Les brouillards qui flottaient prirent des formes d'êtres
Monstrueux, qui semblaient ramper, et vivre là;
La menace qu'on sent dans les lieux noirs sembla
Plus fauve, et le visage irrité des décombres,
Le blanchissement vague et difforme des ombres,
Se hérissaient, montrant des aspects foudroyés;
Tous les renversements en arrière, effrayés,
Se dressaient; les granits remuaient sous la nue;
L'obscurité lugubre apparut toute nue;
On eût dit qu'elle ôtait l'ombre qui la revêt,
Que le masque hideux de l'enfer se levait,
Et qu'on voyait la face effroyable du vide.

L'ange continuait de descendre, splendide,
Dans cet effarement immense de la nuit.

V

Le vautour ne sait plus s'il poursuit ou s'il fuit
Quand il voit l'aigle au fond du nuage apparaître.

Isis, se retournant vers ce radieux être
Beau comme Vesper, l'astre et l'ange avant-coureur,
Se dressa dans un geste effrayant dont l'horreur
S'accroissait sous le voile, et lui cria :

                                        — Lumière,
Qu'es-tu? Que nous veux-tu? N'avance pas. Arrière!
Arrière! Les rayons sont de ce gouffre exclus.
Va-t'en. Ne donne pas un coup d'aile de plus.
Tremble! N'avance pas!

                    L'ange approchait, tranquille.

La rage alors sortit de l'abîme immobile :
On entendit, terreur! le cri du lieu muet :
L'enfer aboya.

                    L'ombre écumait et huait.

L'ange approchait.

           Isis frémit. La pâle stryge,
Avec un mouvement de rêve et de prodige,
Se déploya debout tout entière devant
L'ange, majestueux comme le jour levant.

— Mais réveille-toi donc, Satan ! dit le fantôme.

Satan dormait.

VI

           Ce fut, sous le ténébreux dôme,
Une attente sans nom quand l'abîme comprit
Que cette larve allait combattre cet esprit.

L'ange était une femme ; il ne semblait pas même
S'apercevoir, du haut de sa fierté suprême,
Qu'il eût quitté l'azur où Dieu rayonne et vit.
Il venait.

         Quand il fut près d'Isis, ce qu'on vit

Fut hideux, et l'effroi s'accrut, dans la mesure
De ce gouffre où Babel, le colosse masure,
Ne serait qu'un tesson et Chéops un gravat.

A travers l'affreux voile, et sans qu'il se levât,
Une tête de mort, sombre masque de flamme,
Parut, et le linceul laissa voir sous sa trame
Un squelette de feu flottant dans ses plis noirs ;
Deux yeux brillaient, ainsi que deux ardents miroirs,
Sur cet épouvantable et sinistre visage ;
Isis ouvrit les bras, pour barrer le passage,
Ainsi que le gibet au haut du Golgotha ;
Et l'apparition formidable jeta
Ces mots à l'ange, avec une clameur profonde :

« — Je suis Lilith-Isis, l'âme noire du monde.
Tremble ! L'être inconnu, funeste, illimité,
Que l'homme en frémissant nomme Fatalité,
C'est moi. Tremble ! Ananké, c'est moi. Tremble ! Le voile
C'est moi. Je suis la brume et tu n'es que l'étoile ;
Tu n'es qu'un des flambeaux possibles ; moi je suis
La noirceur éternelle et farouche des nuits ;
Je suis la bouche obscure et soufflant sur les phares ;
Va-t'en ! Malheur à toi, ver luisant qui t'égares !
Qu'est-ce que tu viens faire ici ? Va-t'en. Ces lieux
Sont du ciel et du jour et du maître oublieux.
Qui que tu sois, malheur à ce qui s'aventure
Dans la négation et dans la sépulture !
Malheur à vous, fourmis volantes du ciel bleu,
Malheur ! si vous tentez l'ombre où l'athée est Dieu,

L'antre où le démon tient le sceptre de la cendre !
Si je poussais un cri, tu te sentirais prendre
Par ce qu'on ne voit pas ; l'invisible forêt
Lâcherait son hibou ; la nuit se lèverait
Et t'envelopperait dans la grande aile onglée !
Fuis, imbécile esprit ! Fuis, lumière aveuglée !
Vil oiseau de l'azur, rentre à ton firmament.
Qu'est-ce que tu viens faire au fond du châtiment?
Qu'est-ce que tu viens faire, ô frêle créature,
Dans les profonds dessous de la sombre nature,
Dans la haine, au delà des êtres, dans Satan?
Quoi ! la mouche entre où n'ose entrer Léviathan !
Misérable ange, tremble et fuis ! Va-t'en, atome ! » —

L'ange sans dire un mot regarda le fantôme
Fixement, et gonfla sa lèvre avec dédain.
L'étoile qu'elle avait au front se mit soudain
A grandir, emplissant d'aurore l'ombre obscure.

O vision terrible et sublime ! à mesure
Que l'astre grandissait, la larve décroissait ;
L'ardent grossissement de l'étoile poussait
Lilith-Isis vers l'ombre, et mêlait à la fange
Le fantôme rongé par la clarté de l'ange ;
Les rayons dévoraient l'affreux linceul flottant ;
L'étoile aux feux divins, plus large à chaque instant,
Météore d'abord, puis comète et fournaise,
Fondait le monstre ainsi qu'un glaçon dans la braise.

Quand l'astre fut soleil, le spectre n'était plus.

VII

Tout fit silence au fond du gouffre sans reflux,
Et rien ne troubla plus l'immobilité morte.

Pareil au goëmon que le flot berce et porte,
Satan dormait toujours.

                         Dans la nappe de nuit
Où s'enfonçait son corps de chimère construit,
Ce qu'on entrevoyait, c'était sa face humaine.

Semblable au flocon blanc qu'un vent d'hiver amène,
L'ange arrêta sur lui ses ailes qui flottaient,
Et pleura.

              L'on eût dit que ses larmes étaient
De la lumière en pleurs coulant de deux étoiles.
Comme la tarentule au centre de ses toiles,
Le vaste malheureux et le vaste méchant
Palpitait ; et la Vierge immortelle, penchant
L'escarboucle allumée au sommet de sa tête,
Tendit les bras vers l'ange englouti dans la bête.

Et lui parla, planant et pourtant à genoux ;
Et l'accent de sa voix divine était plus doux
Que l'incantation vague et sombre des sphères.

« — O toi ! je viens. Je pleure. Ici, dans les misères,
Dans le deuil, dans l'enfer où l'astre se perdit,
Je viens te demander une grâce, ô maudit !
Ici, je ne suis plus qu'une larme qui brille.
Ce qui survit de toi, c'est moi. Je suis ta fille.

« Sens-tu que je suis là ? Me reconnais-tu, dis ?
M'entends-tu ? C'est du fond des divins paradis,
C'est de la profondeur lumineuse et sacrée,
C'est de ce grand ciel clair où vit celui qui crée,
Que je viens, éperdue, à toi, l'ange enfoui !
J'ai crié vers Dieu ; Dieu formidable a dit : Oui.
Il me laisse descendre au fond des nuits difformes,
Et, pour que je te parle, il permet que tu dormes.
Car, Père, pour tes yeux, hélas ! le firmament
Ne peut plus s'entr'ouvrir qu'en songe seulement.

« Oh ! toute cette nuit, c'est affreux ! Père, père !
Quoi ! toi dans ce cachot ! Quoi ! toi dans ce repaire !
Toi puni, toi mauvais, toi, l'aîné des élus !
Te voilà donc si bas que Dieu ne te voit plus !

« L'enfer ! l'océan Nuit ! pas de flot, pas d'écume,
Pas de souffle. Partout le Noir. C'est, dans la brume,

Ta respiration lugubre que j'entends.
La longueur de ton deuil dépassera le temps ;
Le chiffre de tes maux dépassera le nombre.

« Les soleils me disaient : Prends garde, il est dans l'ombr
Et moi j'ai dit : Je veux voir le désespéré.
Hélas ! l'astre du ciel te hait, la fleur du pré
Te craint, autour de toi tous les êtres ensemble
Frémissent, les clartés frissonnent, l'azur tremble,
L'infini te redoute et t'abhorre ; eh bien, moi,
Je t'apporte en amour tout cet immense effroi !

« Je viens te prier, toi qu'on proscrit. Toi qu'on souille,
Je viens avec des pleurs te laver. J'agenouille
La lumière devant ton horreur, et l'espoir
Devant les coups de foudre empreints sur ton front noir !
Entends-moi dans ton rêve à travers l'anathème.
Ne te courrouce point, père, puisque je t'aime !
Le blessé ne hait pas la main qui le soutient ;
L'affamé n'a jamais maudit celui qui vient
Disant : Voici du pain et de l'eau ; bois et mange.

« Oh ! quand j'étais mêlée à tes ailes. quel ange
Que Satan, dans l'aurore et dans l'immensité !
Dieu se nommant Bonté, tu t'appelais Beauté.
Ta chevelure était blonde et surnaturelle,
Et frissonnait splendide, et laissait derrière elle
Une inondation de rayons dans la nuit !
L'abîme était par toi comme par Dieu conduit.

Un jour les éléments te prirent pour Lui-même ;
Comme tu te dressais avec ton diadème
Sur le ciel, de ton lustre effrayant envahi,
L'air dit : Emmanuel ! et l'onde : Adonaï !
Ton char faisait jaillir des mondes sous sa roue.
Près de toi, Raphaël, Gabriel, qui secoue
Un météore épars en flammes sur son front,
Michel, dont la clarté jamais ne s'interrompt,
Ithuriel, qui mêle aux rayons les dictames,
Stellial, Azraël, porte-flambeau des âmes,
N'étaient plus que l'essaim confus de la forêt ;
Un resplendissement de blancheur t'entourait ;
Et l'aube en te voyant s'écriait : Je suis noire !
Tu passais au milieu d'un ouragan de gloire ;
Les éthers t'attendaient pour devenir azurs ;
Les univers naissaient, prodigieux et purs,
Avec des millions de fleurs et d'étincelles,
Dans un rhythme marqué par tes battements d'ailes ;
Tu faisais, en fixant sur eux ton œil charmant,
Reculer les soleils dans l'éblouissement ;
Tu flamboyais, candeur et force ; un lys archange !
Comme après le héros s'avance la phalange,
A ta suite marchaient les constellations ;
L'ombre pleurait d'amour quand nous la traversions ;
La nuit, tu te levais dans un triomphe d'astres ;
Et les dômes divins et les sacrés pilastres,
Et les éternels cieux et l'éden nouveau-né,
T'adoraient dans ta joie immense, infortuné !

« Hélas ! dès qu'en ce bagne, où nul regard ne plonge,
Tu fus précipité, Satan, tu fis ce songe

De te venger. démon géant, sur l'infini !
Près de l'ange proscrit tu mis l'homme banni;
Tu fis tomber Adam et tu fis déchoir Ève;
Tu voulus frapper Dieu dans le germe et la sève.
Dans l'enfant, dans le nid des bois, dans l'alcyon;
Seul, à jamais muré sous la création,
Tu devins. dans l'horreur, le grand rêveur funeste;
Dans les vierges forêts tu fis sortir la peste
De l'épaisseur charmante et terrible des fleurs :
Avec les voluptés tu forgeas les douleurs :
Tu te mêlas au Père auguste qui gouverne :
L'espace alors s'emplit d'un esprit de caverne :
Tu dis à l'Éternel : A nous deux maintenant!
Tu souillas l'infini rien qu'en l'espionnant.
A travers l'océan tu soufflas le naufrage;
Captif, tu pénétras la terre de ta rage;
Le dessous ténébreux de ta vie appartint
A ta vengeance. et fut par ton haleine atteint:
Tu mordis les tombeaux, tu mordis les racines:
Tu mêlas aux parfums les herbes assassines:
Tu mis partout le monstre à côté de la loi :
Une émanation de nuit sortit de toi.
Et tu déshonoras l'univers magnanime.
Dieu rayonnait le bien, tu rayonnas le crime.
Tu fis d'en bas. avec tes miasmes. des démons;
Tu pris les instincts vils et les impurs limons
Et tu créas avec cette fange les traîtres.
Les lâches. les cruels; et tu fis dieux et maîtres
Des êtres de l'abîme et des esprits forçats;
Tu poussas les Nemrods aux guerres, tu dressas
Les Caïphes sanglants contre les Christs sublimes ;
Et souvent là-haut, nous, les anges. nous pâlîmes

D'entendre dans la mort ces juges et ces rois
Rire, et de voir grandir le glaive énorme en croix.

« A quoi cela t'a-t-il servi ? Plus de misère !
Voilà tout. Ton éclair ronge et brûle ta serre ;
Ton empoisonnement du monde a commencé
Par toi-même, ô géant d'un combat insensé.
Le mal ne fait pas peur à Dieu ; Dieu se courrouce,
Et frappe. Tu croyais que la vengeance est douce ;
Elle est amère. Hélas ! le crime est châtiment.
La croissance du mal augmente ton tourment ;
Le mal qu'on fait souffrir s'ajoute au mal qu'on souffre ;
Ta lave au fond des nuits sur toi retombe en soufre ;
Et toi-même on t'entend par moments l'avouer.
Le supplice de Tout sur toi vient échouer.
Tu fais tout chanceler, tout trembler sur sa base,
Tout crouler, et c'est toi que ton effort écrase ;
Toute la terre étant sous ton joug à présent,
Te voilà, toi, sous plus d'épouvante gisant !
Te voilà plus difforme, et ton cœur d'airain saigne !

« Mais, Satan, il faut bien qu'à la fin on te plaigne,
Tu dois avoir besoin de voir quelqu'un pleurer,
Je viens à toi !

          « Je viens gémir, luire, éclairer,
T'ôter du moins le poids de la terrestre chaîne,
Et guérir à ton flanc la sombre plaie humaine.

« Mon père, écoute-moi. Pour baume et pour calmant,
Pour mêler quelque joie à ton accablement.
Tu n'as jusqu'à cette heure, en ton âpre géhenne,
Essayé que la nuit, la vengeance et la haine ;
Essaie enfin la vie, essaie enfin le jour !
Laisse planer le cygne à ta place, ô vautour !
Laisse un ange sorti de tes ailes répandre
Sur les fléaux un souffle irrésistible et tendre.
Faisons lever Caïn accroupi sur Abel.
Assez d'ombre et de crime ! Empêchons que Babel
Élève encor plus haut ses hideuses spirales.
Oh ! laisse-moi rouvrir les portes sépulcrales
Que, du fond de l'enfer, sur l'âme tu fermais.
Laisse-moi mettre l'homme en liberté. Permets
Que je tende la main à l'univers qui sombre.
Laisse-moi renverser la montagne de l'ombre ;
Laisse-moi jeter bas l'infâme tour du mal !

« Permets que, grâce à moi, dans l'azur baptismal
Le monde rentre, afin que l'éden reparaisse !
Hélas ! sens-tu mon cœur tremblant qui te caresse ?
M'entends-tu sangloter dans ton cachot ? Consens
Que je sauve les bons, les purs, les innocents :
Laisse s'envoler l'âme et finir la souffrance.
Dieu me fit Liberté ; toi, fais-moi Délivrance !

« Oh ! ne me défends pas de jeter, dans les cieux
Et les enfers, le cri de l'amour factieux ;

Laisse-moi prodiguer à la terrestre sphère
L'air vaste, le ciel bleu, l'espoir sans borne, et faire
Sortir du front de l'homme un rayon d'infini.
Laisse-moi sauver tout, moi ton côté béni !
Consens ! Oh ! moi qui viens de toi, permets que j'aille
Chez ces vivants, afin d'achever la bataille
Entre leur ignorance, hélas ! et leur raison,
Pour mettre une rougeur sacrée à l'horizon,
Pour que l'affreux passé dans les ténèbres roule,
Pour que la terre tremble et que la prison croule,
Pour que l'éruption se fasse, et pour qu'enfin
L'homme voie, au-dessus des douleurs, de la faim,
De la guerre, des rois, des dieux, de la démence,
Le volcan de la joie enfler sa lave immense ! » —

VIII

Tandis que cette vierge adorable parlait,
Pareille au sein versant goutte à goutte le lait
A l'enfant nouveau-né qui dort, la bouche ouverte,
Satan, toujours flottant comme une herbe en l'eau verte,
Remuait dans le gouffre, et semblait par moment
A travers son sommeil frémir éperdûment ;
Ainsi qu'en un brouillard l'aube éclôt, puis s'efface,
Le démon s'éclairait, puis pâlissait ; sa face
Était comme le champ d'un combat ténébreux ;
Le bien, le mal, luttaient sur son visage entre eux

Avec tous les reflux de deux sombres armées ;
Ses lèvres se crispaient, sinistrement fermées ;
Ses poings s'entre-heurtaient, monstrueux et noircis ;
Il n'ouvrait pas les yeux, mais sous ses noirs sourcils
On voyait les lueurs de cette âme inconnue ;
Tel le tonnerre fait des pourpres sous la nue.
L'ange le regardait les mains jointes.

                                        Enfin
Une clarté, qu'eût pu jeter un séraphin,
Sortit de ce grand front tout brûlé par les fièvres.
Ainsi que deux rochers qui se fendent, ses lèvres
S'écartèrent, un souffle orageux souleva
Son flanc terrible ; et l'ange entendit ce mot :

                                        — Va !

LIVRE TROISIÈME

—

LA PRISON

I

LES SQUELETTES

———

—Les quatre squelettes se réveillent dans le cachot de la Bastille, et se parlent.

Dire ce qu'étaient ces quatre squelettes... —

. . . .

. . . .

—————

La tour est âpre et noire, et, du haut jusqu'en bas,
Elle est un instrument de supplice : un étage
Fait agoniser moins ou souffrir davantage ;
Changer de cabanon, c'est changer de tourment.
Le captif, dans la cave, expire lentement :
Sous le toit, dans un trou qu'on nomme la calotte.
Il étouffe en juillet, en décembre il grelotte :
Sous plus ou moins d'horreur l'homme se sent plier
A mesure qu'il monte ou descend l'escalier.
Nulle part le repos, l'air frais, la clarté pure.
Chaque chambre a la forme utile à la torture :
Ici l'on gèle ; ici l'on brûle ; ici l'on meurt.

.   .   .   .   Dans ce lieu morne,
La minute est bourreau, l'heure est épouvantail.

Une horloge apparaît au-dessus du portail ;
Autour du cadran triste, une chaîne est sculptée,
Cercle affreux, chaîne énorme à lier Prométhée ;
Elle entoure le temps, et, monstrueuse à voir,
Saisit par ses deux bouts, au bas du fronton noir,
Une statue, étrange et morne prisonnière,
Qui grince et fait effort pour sortir de la pierre ;
La statue a deux fronts, l'un jeune et l'autre vieux ;
Sur le cadran, rouillé par l'hiver pluvieux,
L'aiguille, résumant dans une heure une vie,
Par la chaîne toujours à tous ses pas suivie,
Part du jeune homme et vient aboutir au vieillard.
Lugubre, elle paraît marcher sous un brouillard ;
On croit voir l'affreux doigt de la Bastille sombre
Montrant ce qu'elle fait du prisonnier dans l'ombre,
Et disant : — C'est ici que les pas sont tremblants,
Et que les cheveux noirs deviennent cheveux blancs.

———————

.   .   .   .

Effroyable prison qui n'a point de mémoire !
La geôle. au dehors noire. est aveugle au dedans :
Elle prend. sans les voir. des hommes dans ses dents.
Et. sans s'informer d'eux. les mâche et les dévore.

.   .   .   .
.   .   .   .

En entrant dans ces murs terribles. où, pour eux.
Les heures maintenant. hélas ! seront si lentes.
Les captifs sont inscrits sur des feuilles volantes :
Pas de livre d'écrou. Tout est fait de façon
Que rien ne laisse trace en cette âpre prison
Et que le nom s'y perde en même temps que l'homme.
Quel est ce prisonnier. et comment on le nomme.
Après dix ou vingt ans personne ne le sait :
Pas même lui. La dalle ignore ce que c'est :
Le carcan le saisit au cou sans le connaître :
Et le ver, qui déjà goûte à sa chair peut-être.
Ne peut dire son nom au rat qui glisse et fuit.
Hier. aujourd'hui. demain. ne font qu'un. Plus un bruit.
L'homme, qui maintenant va mourir goutte à goutte.
Une fois qu'il a mis le pied sous cette voûte.
Sent au-dessus de lui son propre effacement.

Sa vie est à jamais mêlée à ce ciment.
Le fil qui nous rattache au monde dont nous sommes
Et lie à travers l'ombre un homme aux autres hommes,
Se brise ici. Sans air, sans jour, sans point d'appui,
L'homme le sent flotter rompu derrière lui.

Un vivant n'est plus là qu'un rêve dans un gouffre.
Entrer là, c'est entrer dans de l'oubli. L'on souffre,
On rampe, on saigne, on râle, on crie ; on ne sait pas.
Le captif va, vient, tremble ; il fait de vagues pas,
Sent à son pied sa chaîne et s'arrête farouche,
Boit à sa cruche, mord à son pain noir, se couche,
Se lève, se rendort, tressaille, et réveillé,
Dit : Où suis-je ? que suis-je ? et tâte un mur mouillé.

Il ne sait plus qu'il souffre, il ne sent plus qu'il pleure ;
Il semble à ce damné qu'il s'enfonce à chaque heure
Plus bas dans la prison, et que, dans lui vivant,
La prison chaque jour pénètre plus avant ;
La Bastille le tient ; hagard, il s'incorpore
A cet épouvantable et hideux madrépore ;
Morne, il constate, au froid toujours croissant du fer,
La transformation de son bagne en enfer ;
Il croit que l'heure est morte au-dessus de sa tête,
Et que l'éternité dans son cachot s'arrête.
Est-ce que son œil voit ? Est-ce que son cœur bat ?
Il s'accoude des mois entiers sur son grabat,
Écoutant dans un coin filer quelque araignée.
Son âme se détache et lui semble éloignée ;
Il croit heurter sa bière en touchant à son lit ;

28

L'évanouissement par degré le remplit ;
Il ne peut plus fixer un temps, compter un nombre,
La pierre devient nuit, lui-même il devient ombre
Et sent croître, à travers la stupeur de l'ennui,
Autour de lui la tombe et le fantôme en lui.

. . . .

(Le reste manque.)

—

II

CAMILLE ET LUCILE

III

LA PRISE DE LA BASTILLE

———

(Ces deux parties du chant *la* **Prison** manquent.)

HORS DE LA TERRE

VI

SATAN PARDONNÉ

Le sanglot de Satan dans l'ombre continue.

I

. . . .
. . . .

— Ici la tombe, là le chaos ; sur ma tête
La noirceur ; sous mes pieds, la chute ; où je m'arrête,
La profondeur s'écroule, et tout est vide ; eh bien,
Tous ces gouffres mêlés sur moi ne seraient rien
Si je pouvais donner le change à ma pensée,
Moi-même m'enivrer de ma fureur versée,

Et me persuader que je hais ! Ce n'est pas
De la crypte stupide et sourde du trépas,
Ce n'est pas du cachot, du puits, de la géhenne,
Ce n'est pas du verrou, ce n'est pas de la chaîne,
C'est de son propre cœur qu'on est le prisonnier.
Haïr délivre.

II

Hélas ! à force de nier
Et d'enfoncer dans tout mon sarcasme, âpre lame ;
A force d'insulter le grand épithalame,
Et de crier d'en bas aux crimes : je suis là !
Et de continuer Nemrod dans Attila,
Et de recommencer dans Borgia Caïphe ;
A force d'ajouter à toute aile une griffe,
A force d'inspirer les basses actions,
A force de jeter mon cloaque aux rayons,
A force d'être l'ange infâme que sature
Tout le crime possible en la sainte nature,
A force de m'emplir de ténèbres, j'ai froid.

III

Oh! l'essence de Dieu, c'est d'aimer. L'homme croit
Que Dieu n'est comme lui qu'une âme, et qu'il s'isole
De l'univers, poussière immense qui s'envole;
Mais moi, l'ennemi triste et l'envieux moqueur,
Je le sais, Dieu n'est pas une âme, c'est un cœur.
Dieu, centre aimant du monde, à ses fibres divines
Rattache tous les fils de toutes les racines,
Et sa tendresse égale un ver au séraphin;
Et c'est l'étonnement des espaces sans fin
Que ce cœur, blasphémé sur terre par les prêtres,
Ait autant de rayons que l'univers a d'êtres.
Pour lui, créer, penser, méditer, animer,
Semer, détruire, faire, être, voir, c'est aimer.
Splendide, il aime, et c'est par reflux qu'on l'adore.
Tout en lui roule; il tient à la nuit par l'aurore,
Aux esprits par l'idée, aux fleurs par le parfum;
Et ce cœur dans son gouffre a l'infini, — moins un!
Moins Satan, à jamais rejeté, damné, morne.
Dieu m'excepte. Il finit à moi. Je suis sa borne.
Dieu serait infini si je n'existais pas.

Je lui dis : Tu fis bien, Dieu, quand tu me frappas !
Je ne l'accuse point, non ! mais je désespère !
O sombre éternité, je suis le fils sans père.
Du côté de Satan il est, mais n'est plus Dieu.

IV

Cent fois, cent fois, cent fois, j'en répète l'aveu,
J'aime ! Et Dieu me torture, et voici mon blasphème,
Voici ma frénésie et mon hurlement : j'aime !
J'aime, à faire trembler les cieux ! — Quoi ! c'est en vain !
Oh ! c'est là l'inouï, l'horrible, le divin,
De se dresser, d'ouvrir des ailes insensées,
De s'attacher, sanglant à toutes les pensées
Qu'on peut saisir, avec des cris, avec des pleurs,
De sonder les terreurs, de sonder les douleurs.
Toutes, celles qu'on souffre et celles qu'on invente,
De parcourir le cercle entier de l'épouvante,
Pour retomber toujours au même désespoir !
Dieu veut que l'homme las s'endorme, il fait le soir ;
Il creuse pour la taupe une chambre sous terre ;
Il donne au singe, à l'ours, au lynx, à la panthère,
L'âpre hospitalité des antres et des monts,
Aux baleines les mers, aux crapauds les limons,
Les roseaux aux serpents secouant leurs sonnettes ;
Il fait tourner autour des soleils les planètes

Et dans la blanche main des vierges les fuseaux ;
Il entre dans les nids, touche aux petits oiseaux,
Et dit : La bise vient, j'épaissirai leurs plumes :
Il laisse l'étincelle échapper aux enclumes,
Et lui permet de fuir, joyeuse, les marteaux ;
Il montre son grand ciel aux lions de l'Athos ;
Il étale dans l'aube, ainsi que des corbeilles,
Sous des flots de rayons, les printemps pleins d'abeilles ;
Sa grandeur pour le monde en bonté se résout.
Une vaste lueur ardente embrase tout,
De l'archange à la brute et de l'astre à la pierre,
Croise en forêt de feu ses rameaux de lumière,
Va, vient, monte, descend, féconde, enflamme, emplit,
Combat l'hiver liant les fleuves dans leur lit,
Et lui fait lâcher prise, et rit dans toute chose,
Luit mollement derrière une feuille de rose,
Chauffe l'énormité sidérale des cieux,
Brille,... — et, de mon côté, prodige monstrueux,
Ce flamboiement se dresse en muraille de glace !

Oui, la création heureuse s'entrelace
Tout entière, clartés et brume, esprit et corps,
Dans le Dieu bon, avec d'ineffables accords ;
L'être le plus souillé retrouve l'innocence
Dans sa toute tendresse et sa toute puissance ;
Moi seul, moi le maudit, l'incurable apostat,
Je m'approche de Dieu sans autre résultat
Que de faire gronder vaguement le tonnerre !

Dieu veut que cet essaim d'atomes le vénère,

Il leur demande à tous leur cœur, leur chant, leur fruit,
Leur parfum, leur prière ; — à moi rien, de la nuit.
O misère sans fond !

                    Écoutez ceci, sphères,
Étoiles, firmaments, ô vieux soleils, mes frères,
Vers qui monte en pleurant mon douloureux souhait,
Cieux, azurs, profondeurs, splendeurs, — l'amour me hait !

V

DIEU PARLE DANS L'INFINI

« — Non, je ne te hais point ! . . . .
. . . .
« Un ange est entre nous ; ce qu'elle a fait te compte.
L'homme, enchaîné par toi, par elle est délivré.
O Satan, tu peux dire à présent : Je vivrai !
Viens ; la prison détruite abolit la géhenne !
Viens ; l'ange Liberté, c'est ta fille et la mienne.
Cette paternité sublime nous unit.
L'archange ressuscite et le démon finit ;
Et j'efface la nuit sinistre, et rien n'en reste.
Satan est mort ; renais, ô Lucifer céleste !

TABLE

TABLE

—

                              29.

HORS DE LA TERRE

III

LIVRE TROISIÈME

LA PRISON

HORS DE LA TERRE

IV

BIBLIOTHÈQUE-CHARPENTIER

11, RUE DE GRENELLE, PARIS

Collection de volumes in-18 à **3 fr. 50**

ŒUVRES INÉDITES DE VICTOR HUGO
CHOSES VUES

UN VOLUME

THÉATRE EN LIBERTÉ

UN VOLUME

EN PRÉPARATION

DANS LA MÊME COLLECTION :

TOUTE LA LYRE

DEUX VOLUMES

Imprimeries réunies, A, rue Mignon, 2, Paris. — 15450.